ŒUVRES NOUVELLES

DE

CHAMPFLEURY

—

LES AMIS
DE LA NATURE

AVEC UN FRONTISPICE GRAVÉ PAR BRACQUEMOND D'APRÈS UN DESSIN DE

GUSTAVE COURBET

ET PRÉCÉDÉS D'UNE CARACTÉRISTIQUE DES ŒUVRES DE L'AUTEUR

PAR EDMOND DURANTY

PARIS

POULET-MALASSIS ET DE BROISE

LIBRAIRES-ÉDITEURS

9, rue des Beaux-Arts

—

1859

LES AMIS

DE LA NATURE

ALENÇON. — TYP. DE POULET-MALASSIS ET DE BROISE

ŒUVRES NOUVELLES

DE

CHAMPFLEURY

—

LES AMIS
DE LA NATURE

AVEC UN FRONTISPICE GRAVÉ PAR BRACQUEMOND D'APRÈS UN DESSIN DE

GUSTAVE COURBET

ET PRÉCÉDÉS D'UNE CARACTÉRISTIQUE DES ŒUVRES DE L'AUTEUR

PAR EDMOND DURANTY

PARIS

POULET-MALASSIS ET DE BROISE

LIBRAIRES-ÉDITEURS

9, rue des Beaux-Arts

—

1859

Traduction et reproduction réservées.

CARACTÉRISTIQUE

DES ŒUVRES

DE

M. CHAMPFLEURY

(1847—1858)

—

« Je ne sais pas de sentiment plus embarrassant
que l'admiration. »

BAUDELAIRE.

I

Les précieuses ridicules, les imposteurs,
les dons Juans, les maris malheureux, les
avares, les pères de famille, les coquettes, les
femmes savantes, les Vadius, les Trissotins,
les gens qui raisonnaient par tarte à la crème,
les malades imaginaires, les médecins, les
courtisans, les bourgeois gentilshommes fu-

rent des personnages fort respectables à divers titres, et cependant Molière s'en moqua. Et ils étaient même des personnages si respectables, qu'ils se fâchèrent beaucoup d'être raillés, et trouvèrent une infinité de gens, surtout de gens de lettres et de théâtre, disposés à se fâcher avec eux, sans compter les amis et les amis des amis.

On fit une querelle acharnée à Molière; on lui reprocha le peu de noblesse de ses sujets, la familiarité du langage; on l'appela coquin, grossier, irrévérencieux et impie. Aussi Molière poursuivit-il résolûment sa voie.

Parmi les écrivains, ceux dont l'esprit personnel et puissant ne transige pas avec les vices, les ridicules et les faiblesses qui les entourent; dont l'intelligence forte, curieuse et sans ménagement saisit à droite, à gauche, les êtres qui passent, et du coup les marque au front par un mot ineffaçable, tel que vil, grotesque, avare, imbécile, débauché, infirme, fou, méchant ou bon; ceux-là ne peuvent apprendre leur secret à personne et faire bénéficier vingt autres écrivains de leur originalité, de leur vue perçante, de la vivacité imprévue de leurs sensations. Ceux-là on ne les aime pas, et ils vont *seuls*, à leur grand honneur.

Balzac fut aussi un de ces fiers solitaires de l'intelligence. Ses allures joyeusement bousculantes d'homme robuste et décidé à se jouer des prétentions des faibles, n'étaient pas propres à plaire à leur débilité. Les faibles s'inquiétèrent d'abord en entendant de loin son rire formidable, et ils s'irritèrent ensuite violemment; car Balzac, dans ses immenses enthousiasmes descriptifs, était mu par un instinct de farce dédaigneuse, et il s'amusa plus d'une fois à jeter une sorte de défi railleur à l'impuissance des irrités.

Incapables de considérer la réalité avec tranquillité et de manier la massue comique, êtres craintifs, hommes ayant peur de l'homme et de la vie, les poètes et les écrivains s'en écartent avec effroi, et cherchent des consolations à leur émoi et à leur timidité en façonnant des marionnettes qu'ils agitent à leur fantaisie, leur faisant dire des choses agréables et menteuses.

Point d'observation! Il faudrait s'avancer

courageusement au milieu de la vie et opérer paisiblement comme un chirurgien sur un champ de bataille, ou se montrer vaillant comme un marin au milieu d'une tempête.

Point de comique ! Le comique est trop cruel, trop hardi ; il exige de lutter corps à corps avec les passions, les vices, les faiblesses, car l'observateur est un ennemi public qui dit de dures vérités à chacun, arrache des masques et rit, montre des souillures et rit encore, console des gens vertueux bafoués et cravache des coquins entourés de flatteurs, puis rit encore de la haine générale qui se tourne contre son audace. Héraut de la vérité, il pénètre partout, va aux humbles, aux gens dédaignés, les relève, et domine tout de la hauteur du bon sens inflexible et du sûr jugement.

Sa récompense, c'est le savoir acquis, c'est la justice rendue à chacun. OEuvre amère et voluptueuse, nécessité impérieuse et enivrante, devoir pénible et réjouissant de la conscience, qui s'emparent de l'observateur, le tyrannisent et le jettent au-devant de l'homme pour le mesurer, le juger, le disséquer, le décrire, et enfin le clouer dans le cadre d'une monographie impitoyable, d'un portrait sans merci, où les forts trouvent leur gloire et les faibles leur châtiment, par le fait seul de la réalité pure et sincère.

— Mauvais peintre qu'un peintre vrai! s'écrient ceux qui n'ont pas intérêt à la vérité : —Mauvais peintre! crient en chœur les tristes, les maigres, les infirmes, les grotesques, les vicieux, les hypocrites, les sots et les poltrons. Et ils s'arment de pierres pour lapider au passage l'insolent qui pare leurs coups et les renvoie hurlant des cinglements de son fouet.

Quand l'âpreté de cette voie éloigne tout le monde, M. Champfleury s'y avance hardiment en ce moment, et une pareille conduite indigne naturellement tout le monde, sauf les esprits vigoureux qui, sentant fortement la vie, savent la déguster, comme si tous leurs pores étaient une langue ou un palais; et ce n'est pas dans la race peureuse et lamentable des gens de lettres que ceux-là existent.

Ainsi l'artiste le plus remarquable, avec M. Champfleury, que la nouvelle génération ait vu naître ; un poète d'un tempérament bien accusé, est une nature très-troublée par les épouvantes secrètes que sèment la Mort, la Nuit, le Mal, l'Inconnu, et il se détourne désespéré de la réalité et de la vie, laissant s'échapper en grands cris dans ses poésies les inquiétudes qui le brisent. Ce poète prétend vainement que la sérénité du Beau préside à ses œuvres ; elles sont les œuvres d'un homme effaré et tremblant qui gémit stérilement.

Quant à la plupart des autres, ils se bornent à déserter leur devoir et à remuer, ai-je dit, pour s'étourdir sur leurs fautes, de petites poupées qu'ils fabriquent plus ou moins bien à l'image de l'homme et auxquelles ils prêtent de petites qualités, de petites méchancetés et de petites morales, de petits discours extravagants, flatteurs et convenables pour des poupées ; ou bien les plus avancés observent de loin avec une lorgnette la lisière de la vie et en donnent quelque vague idée.

Aussi cela les tuera-t-il, et s'épuisent-ils en une amusette bonne à attraper les badauds. Ceux qu'ils n'inquiètent pas leur battent des mains, et perfidement les encouragent à persévérer dans ces jeux innocents.

M. Champfleury n'écrit pas pour les gens
qui détestent la vie, mais bien pour ceux qui
l'aiment. C'est pour le compte de ces derniers
qu'il fait la chasse aux bourgeois, aux grotesques et aux prétentieux de toute espèce,
qu'il décrit les joies de la vie familière et ses
amertumes, qu'il recherche la couleur particulière donnée aux passions et aux instincts
par l'habit bourgeois, la soutane du prêtre, le
centre actif de Paris, les extrémités languis-
santes de la province, les crânes dénudés ou
la perruque des vieillards, la naïveté sauvage
des enfants, le prisme de la vie artistique;
qu'il se montre surtout avec ses richesses de
joyeuseté et d'exquise finesse de cœur, avec
son vif sentiment original qui tire une étin-
celle gaie, comique ou délicate de chaque dé-
tail, avec toutes les qualités enfin de l'observateur qui furent unanimement saluées à
son début, alors qu'on ne prévoyait pas qu'il
marcherait à l'écart des autres dans la grande
voie nouvelle, luttant vaillamment, tenant
l'arme du comique, avançant enfin, tandis
qu'on recule presque partout, et honoré des
injures sans nombre que mérite toute singula-

rité puissante, tout isolement vainqueur, toute force qui ne veut s'appuyer que sur elle-même.

Sa cause est la cause commune, gagnée dans toute l'Europe par de glorieux romanciers anglais, hollandais, russes, allemands, suédois, etc. ; la cause de tous les hommes bien organisés.

II

Des esprits comme Dante, Virgile, Milton, quelles qu'aient été les vicissitudes de leur existence, n'en apparaissent pas moins des esprits méthodiques, ordonnés, *satisfaits*, et représentent le *Beau* par la disposition, la symétrie de la pensée qu'ils dessinent à la façon des architectes et des géomètres, *Beau* universellement admis sans que personne au fond puisse pénétrer dans le sentiment de leurs œuvres, y retrouver des notions nouvelles et s'assimiler par suite le poëme au point d'en tirer une acquisition pour le cerveau et le cœur.

Mais à côté, d'autres écrivains tels que Cervantes, Molière, Lesage, de Foe, l'abbé Prévost, Sterne, Diderot, Hoffmann, Balzac, ne sont plus le moins du monde architectes ou décorateurs, mais des curieux, des chercheurs, des révélateurs d'histoire naturelle et de psychologie. Désordonnés comparativement, bien que leur but soit net et leur volonté arrêtée, ils accumulent des richesses, fondent des musées d'étude et ne s'arrêtent jamais, altérés de science et d'idées. Ils répandent partout leurs interrogations sagaces et lumineuses avec vivacité, violence et bonhomie à la fois. Leur organisation les obsède souvent de tant de besoins et de curiosités, qu'ils sont obligés de soulager leurs nerfs par des travaux multiples, variés, analytiques, où ils laissent le désordre matériel de la rapidité.

Les premiers sont des esprits en arrière, classant et enguirlandant sous un beau portique le fonds banal de sensations et de pensées constitué en leur temps. Les seconds sont des esprits en avant qui accroissent et enrichissent le trésor de l'intelligence générale.

Chacun choisit ses pères nourriciers parmi les écrivains prédécesseurs dont il reconnaît que la nature est analogue à la sienne. C'est ainsi que M. Champfleury se trempa par la fréquentation de Molière, d'Hoffmann, de Diderot, de l'abbé Prévost et de Balzac.

Son tempérament se dessina nettement, et il exclut de toute sympathie un assez grand nombre de livres célèbres. Il manifesta de bonne heure une nature tranchée qui n'est semblable à aucune autre, et qui ne succombe pas à la pression que l'opinion reçue par tout le monde exerce sur les esprits mous et indécis.

Il est certaines admirations consacrées auxquelles il n'a jamais voulu se rallier; mais en revanche, et dès son début, M. Champfleury s'imposa et soutint une lutte très-vive en faveur de Balzac, contre lequel un déchaînement général suscitait les attaques les plus inintelligentes. Ce ne fut pas une des moindres preuves que donna M. Champfleury de ce grand tact artistique, de cette sûreté de jugement qui ne lui ont jamais fait défaut. Il lutta pour Balzac, comme il a défendu depuis M. Courbet, dont la valeur en tant que peintre n'est pas davantage contestable.

Dès en commençant, M. Champfleury sentit que la fontaine de Jouvence n'était plus dans le romantisme. Il chercha une autre voie. Sa nature joyeuse et spontanée, élevée parmi les rires de Molière, la chaleur de curiosité de Diderot, les tendresses et les simplicités franches de l'abbé Prévost, les caricatures aiguës d'Hoffmann, et les merveilles nouvellement apportées par Balzac avec une supériorité railleuse, sa nature éprouva une vive répugnance pour la funèbre exhumation des vieilles défroques et la procession contre nature de littératures exotiques ou mortes. Il ne reconnut rien de vivace et de vivant dans cette célébration mortuaire, quels que fussent d'ailleurs les talents de ceux qui se consacraient illusoirement à l'impossible et à l'extravagant, et chantaient le *De profundis* sur eux-mêmes sans s'en douter.

Toutefois, dans la jeunesse, on ne trouve pas du premier coup la certitude, et on éprouve

un certain trouble à se définir soi-même et à
suivre la route définitive.

M. Champfleury produisit donc d'abord des
œuvres qui participaient à la fois de son trouble
et de son désir de chercher une issue.

Chien-Caillou, entre autres, fut empreint
d'une réalité si exagérée, si fantasque, que
l'école romantique accueillit ce petit livre
comme devant apporter un espoir et un sou-
tien.

De pareilles avances, qui devaient flatter
beaucoup le jeune écrivain, pouvaient le perdre; mais les travaux de ses premières années
montrèrent, au contraire, au milieu de certaines oscillations d'esprit, que M. Champfleury ne tarderait pas à protester vigoureusement au nom de la simplicité et de la
sincérité viriles.

Des ballades, de petites nouvelles, les unes
maniérées, les autres d'une réalité impossible,
telle qu'elle pouvait apparaître à un esprit
jeune, accompagnèrent *Chien-Caillou* et marquèrent les premières hésitations de l'élan.
Cependant l'observation sérieuse guettait évi-
demment la place qu'occupait alors une fan-

tasque humeur de jeunesse, toute satisfaite d'elle-même, toute fière de montrer son nez à la fenêtre, qui se hâtait d'enregistrer de vagues impressions, se heurtait à son manque de ressources, frémissait d'imiter, mais éclatait parfois en fusées de divination, d'instinct observateur, de délicatesse et d'originalité.

Grandeur et Décadence d'une Serinette, Pauvre Trompette, les *Noirau,* les *Confessions de Sylvius,* des pantomimes, diverses fantaisies encore, contenues dans les volumes des *Contes domestiques* et des *Contes vieux et nouveaux,* remontent à cette époque « bienheureuse » où, comme le disait l'auteur, « tout ce qui tombe de la plume semble parole d'Evangile. »

M. Champfleury dégageait peu à peu sa personnalité dans ces œuvres dont il a pu dire, ainsi que de toutes celles qui ont suivi : « Chaque chose a été écrite à son heure avec croyance. »

En effet, c'est par la croyance à la réalité qu'il est parvenu à y puiser des richesses neuves, et à y rencontrer tant de personnages curieux, de faits psychologiques singuliers maintenant gravés dans ses livres. Et cette croyance à la réalité commençait dès lors à s'affermir et à l'échauffer.

Sortir des limbes, animer le souffle d'observation qui n'avait encore paru qu'à l'état d'une petite brise arrivant par bouffées légères et intermittentes, en faire un courant vigoureux et constant qui menât la *nauf* tout droit au pays à découvrir, tout ce travail nécessita de nouveaux efforts, et ces efforts allèrent bientôt en croissant, à la façon des coups de bélier qu'on redouble à mesure qu'on sent l'obstacle leur céder.

La révolution de 1848 donna du mouvement à la jeunesse littéraire; chacun chercha à s'avancer, mieux pourvu et en progrès sur soi-même. M. Champfleury encouragea, par les conseils et par l'exemple, plus d'un écrivain de sa génération à sortir de l'ornière déjà trop creusée, et il publia *les Oies de Noël*.

Ce roman contenait des personnages pris dans la réalité simple et plus *étudiés*. L'apparition d'une franchise comique bien décidée signala aussi l'œuvre. On y vit certain usurier, certain maître de danse, certain huissier et certain notaire dont les manies, les gestes, les

paroles accusaient déjà vivement la figure
réelle.

Cela commençait à ne plus être le comique
vague des années d'inexpérience, qui se perd,
se retrouve, filtre çà et là, sans pouvoir se
creuser un lit, et se compose d'emprunts aux
vaudevilles, de complaisances extrêmes envers
la drôlerie et d'arabesques folâtres qui ne dessinent pas une physionomie et ne fixent pas
une idée.

Le livre se distinguait surtout par une
simplicité fraîche, une odeur de rosée, un
sentiment de la nature comme vert, lumi-
neux et plein de soleil, qui firent que l'éloge
de « talent printanier » s'allia au nom de
M. Champfleury.

Depuis quelque temps, d'ailleurs, le romancier avait entrepris une étude qui a la signification d'un point de départ, l'importance
d'une base dans sa vie littéraire ; je veux
parler des *Excentriques*, êtres détraqués et
tourmentés, que M. Champfleury suivit et
poursuivit dans tous les coins de Paris. Cette
étude de types accentués, menée avec soin et
joie, contribua beaucoup à développer en lui

la netteté du sens comique, et lui apprit à le
diriger avec adresse comme un flambeau qui
éclaire curieusement un personnage et le fait
ressortir.

C'était bien la marque d'une intelligence
déjà sûre qui choisissait un exercice propre à
l'assouplir pour ses futurs travaux.

Il n'y eut pour ainsi dire point recherche
d'art dans ce travail, mais il servit à régula-
riser et à asseoir le grand sens si complet et
si persistant chez M. Champfleury. A la suite
de telles investigations, il posséda des moyens
d'analyse consciencieuse ; il sut comment ap-
pliquer le comique, toujours intellectuellement
et d'une façon irrésistiblement agressive, sur
les êtres qui se présenteraient à lui gonflés
d'une idée, d'un instinct, d'une manie ma-
ladifs. Il apprit à connaître, à exprimer les
trébuchements, les discours pathétiques, les
ignorances candides, les convoitises ardentes
qui leur donnent l'aspect de gens ivres. L'observation des déceptions, des mécomptes, des
méprises dont ils sont affligés, de leurs entreprises impossibles, de leurs chemins toujours
barrés par un obstacle bouffon, lui révéla la

clef des conditions essentielles du comique.

Depuis, beaucoup des personnages grotesques de M. Champfleury ont relevé de cette classe si bien accusée des excentriques, et si féconde en infortunes amusantes.

L'excentricité, avec son fonds de naïveté sauvage, ses prétentions, ses lacunes de raisonnement, ses tyrannies et ses revers, se retrouva bientôt de pied en cap chez l'admirable bourgeois Loncle de l'admirable *Trio des Chenizelles,* dans des conditions de réalité, d'ironie joyeuse, aiguë et féline, hors ligne.

Ces essais divers, la publication des nouvelles intitulées *Madame d'Aigrizelles* et *les Propos amoureux* marquèrent à M. Champfleury une place spéciale dans la littérature.

« Le réalisme montre ses cornes, » dit-il, entraîné à accepter cette désignation par laquelle la critique voulut lui imposer pour ainsi dire la préméditation d'un système. Ce fut justement une preuve de grande force, qu'à côté même de Balzac dont il se proclama l'élève, par enthousiasme et dévouement passionnés pour la justice de la cause d'un grand homme injurié, qu'à côté de Balzac,

M. Champfleury pût se créer un apanage particulier qui nécessita une dénomination particulière.

Le courage, la sérénité, le puissant labeur
de Balzac donnèrent à M. Champfleury la
volonté définitive et précise de son œuvre,
la volonté d'une hardiesse, d'un labeur inces-
sants dans la voie de l'observation, où il
portait un autre tempérament et un tempérament aussi résistant, aussi actif que celui de
Balzac, étant armé enfin à la façon de Molière.

Dès que le mot *réalisme* eut été prononcé
par la critique, dès qu'il fut prouvé que
M. Champfleury apportait une force person-
nelle et neuve et qu'il combattait pour son
propre compte, il fut attaqué, et n'a cessé
de l'être désormais avec un redoublement de
colère à chaque pas qu'il fait.

Je me rappelle l'étrange sentiment d'envie,
de résistance et de critique qui me saisit lorsque je lus ses œuvres pour la première fois,
sentiment que j'ai retrouvé presque partout
chez les autres littérateurs. Mais je ne tardai
pas à comprendre que se montrer *personnel*,
posséder à soi un pays où nul autre ne peut

parvenir à mettre le pied et prendre possession, c'était un crime impardonnable parmi tant de gens qui courent les mers de la publicité sans pouvoir trouver une petite île de laquelle dire : Elle est à moi. On lui niait sa possession avec le mécontentement de compagnons d'aventure qui n'ont pas eu une si belle part de butin, ne sont pas devenus riches et craignent de ne le devenir jamais.

Le roman intitulé *les Aventures de Mademoiselle Mariette* fut le signal des attaques.

Rassemblant la masse des idées acquises des observations faites, des sensations éprouvées à ce moment de sa carrière, M. Champfleury éleva un monument curieux à la vie artistique et littéraire de l'époque.

Ce roman apparaît comme une sorte de *Journal de Dangeau* par la précision des détails et de *Mémoires de Saint-Simon* pour la vérité des révélations. Il peut être considéré comme un document *historique* du xixe siècle, un témoignage fidèle de l'état des idées, des esprits et des sentiments dans la vie littéraire, au commencement de la seconde moitié du siècle.

Certes le romancier n'écrivit ce livre que pour se reconnaître lui-même et se soulager de ses impressions, mais la puissance de la réalité y a ajouté cette autre importance dont je parle.

En outre, la foi au travail et à l'énergie y éclate en paroles simples mais tellement convaincues, tellement animées qu'on en conserve toujours la vibration en dedans de soi. L'homme convaincu qu'il se développera et qu'il grandira parce qu'il est dans le vrai, s'y montre pleinement et ne redoute aucune franchise.

Ce fut alors à peu près qu'on commença à critiquer le style de M. Champfleury, qui n'a cessé depuis d'être attaqué sur ce point, comme Balzac.

En définissant plus haut les écrivains en arrière et les écrivains en avant, je reconnaissais aux premiers l'ordre, la régularité, l'égalité de l'esprit, tandis que j'attribuais aux seconds un certain désordre, une inégalité inhérente à la nature, à la multiplicité de leurs travaux. Ne semble-t-il pas qu'on pourrait comparer ceux-ci à des savants qui vont pliés sous le poids d'une idée et des recherches qu'elle exige ? Préoccupés du but et de leurs travaux, ils négligent leur costume et ne s'inquiètent pas de quelques taches.

Le style de M. Champfleury contient çà et là d'involontaires négligences, il en contient aussi de volontaires. Tel qu'il est cependant, on ne saurait le modifier, et ces négligences y ajoutent au contraire plus de bonhomie.

Les esprits corrects se résignent à sacrifier le nouveau et l'original à leur bien-aimée correction. Ils l'achètent ainsi, et c'est un peu cher. De même, les autres paient au prix de quelques incorrections, les précieuses trouvailles qu'ils font dans les champs de la nouveauté, de la délicatesse, de la sensibilité et de l'originalité, et c'est assurément meilleur marché.

D'ailleurs, le style subit aujourd'hui des transformations et n'a pas encore son droit divin. Une multitude de nuances, ou de sensations, ou d'idées, sont nées de l'observation, et s'habillent incomplétement avec des mots trop étroits qui ne furent point faits pour elles. Des ellipses deviennent nécessaires. Des alliances inusitées de mots qu'on n'alliait pas autrefois, trouvent légitimement leur raison d'être.

Il me suffit de reconnaître que le style de M. Champfleury a des allures calmes, sensées, pénétrantes, expressives, délicates ou brutales, parfaitement appropriées à ce que l'écrivain veut dire.

Une simplicité précise, d'une justesse presque toujours absolue. Parfois, un peu d'embarras, qui ne messied pas à la naïveté de certains tableaux. Une douceur tendre, exquise, pour les physionomies de femmes. Une ironie composée d'innombrables mailles, qui enveloppe, à la façon d'un filet, garrotte et livre un personnage, pieds et poings liés, au rire. Une clarté et une patience de développement excellentes pour l'analyse soit des sentiments de l'homme, soit des mécanismes de la vie sociale. Une joyeuseté tout individuelle et toujours en éveil, donnant un relief singulier aux moindres détails. Voilà ce qui frappe dans le style de M. Champfleury et y communique une tournure spéciale, tout-à-fait tranchée.

L'écrivain s'est développé en M. Champfleury parallèlement à l'observateur. C'est à cause même de ce progrès sur les premières années, que les négligences échappées aux fatigues d'un esprit tendu par l'observation accrochent davantage l'œil du lecteur, si toutefois il faut beaucoup croire à la sincérité des attaques dirigées contre le romancier à l'heure actuelle.

A l'époque où il terminait *Mademoiselle Mariette*, M. Champfleury écrivait dans ses préfaces : « Ce que je *vois* entre dans ma tête, descend dans ma plume et devient ce que j'ai *vu*. » Il se laissait aller librement au hasard du spectacle de *voir*, quoique l'étude des *Excentriques* eût déjà développé le germe d'une volonté de recherche que l'auteur appelle scientifique, et qui s'impose pour méthode de regarder, d'aller au-devant des choses et de se mettre en voyage de découvertes. M. Champfleury avait subi passivement, en quelque sorte, les influences de la réalité ; maintenant il allait se faire l'observateur actif, tel que nous l'avons montré en tête de cette étude. Il allait embrasser ce grand rôle, si périlleux au milieu d'une société en tumulte.

Les Souffrances du Professeur Delteil, livre étonnant de simplicité, de précision et de comédie bienveillante ou rude, appartient encore à une digestion de souvenirs qui agit instinctivement et prépare la réflexion et la méthode observatrice.

Plus que *les Aventures de mademoiselle Mariette* cependant, ce roman releva de l'impersonnalité scientifique et réfléchie qui sert de base aux fortes enquêtes de l'observation.

A son tour, plus que le *professeur Delteil,* le livre des *Bourgeois de Molinchart* marqua la transition que j'ai expliquée. Ce livre fut comme un début un peu embarrassé, gêné par les nécessités d'une analyse plus savante qui essayait ses formules.

Les Bourgeois de Molinchart remplissaient néanmoins un large cadre de la vie bourgoise. Ils étaient la première tentative d'un groupement philosophique de types, servant à exprimer complètement un côté de la vie, un grand aspect de la société, un important milieu humain.

M. Champfleury se préoccupait surtout de dessiner des types simples, non compliqués,

bien nettement tranchés et facilement saisis-
sables. Les grandes études intitulées *Monsieur
de Boisdhyver*, remplirent remarquablement
son but et reproduisirent un très-important
aspect social, avec une science très-développée
de la nature humaine.

La réunion des physionomies si variées,
comiques, ambitieuses, malignes, violentes,
élevées, pures, savantes, engourdies, intolé-
rantes ou innocentes des prêtres d'un diocèse
de province; l'examen attentif du jeu de leur
existence engrenée dans la société provinciale
et dans les mœurs villageoises; la délicatesse
avec laquelle la vie domestique est repré-
sentée en ses simples grandeurs; aussi la délicatesse extrême avec laquelle sont rapprochés
l'un de l'autre par la vertu, par la charité,
par la musique, par la beauté, par la pureté
même, enfin par toutes les séductions qu'on
ne songe point à combattre, la jeune fille et le
jeune diacre qui succombent malgré eux, presque sans le savoir; puis l'impitoyable fidélité
à la vérité de l'humaine infirmité qui traîne le
lecteur devant un dénouement par lequel est
éclairé, d'une lueur vive et cruelle, le cœur

de la femme ; tout fait de cette œuvre un aliment savoureux pour les intelligences larges et réfléchies. .

M. Champfleury a donné dans ce roman une très-grande part à l'analyse descriptive des figures et des sentiments, afin de bien accentuer le caractère scientifique qu'il veut imprimer à ses travaux. L'analyse lui paraît plus propre à déterminer d'une manière serrée, profonde, les faits psychologiques, et la physionomie intérieure des personnages.

A *Monsieur de Boisdhyver* succéda *la Succession Le Camus*, où M. Champfleury a restitué la comédie de l'héritage avec une profondeur supérieure. *La Succession Le Camus* est l'irrécusable témoignage de l'extension que prennent les facultés à l'exercice de l'observation. La question de l'importance du rôle de l'observation dans l'agrandissement du jugement, du sentiment artistique, de la délicatesse des sensations, s'y trouve toute tranchée.

En effet, le romancier qui n'a pas eu besoin de se renier lui-même, et dont les premiers essais étaient bien le grain qui devait germer en riches gerbes, a repris dans cette œuvre des spectacles, des aspects, des personnages déjà effleurés, ou même vivement abordés, soit dans *les Bourgeois de Molinchart*, soit dans *le Professeur Delteil*, soit dans *les Oies de Noël*, en même temps qu'il a étudié et des types nouveaux, et le sentiment maternel, et, ainsi que je l'ai dit, la comédie de l'héritage. L'usurier Blaizot, saisi par les sensations rapides de la jeunesse, s'y retrouve en M. Le Camus, revu par l'analyse étendue, complexe, de l'observation expérimentée ; et certainement la figure de M. Le Camus l'emporte de beaucoup en vivacité, en netteté, en relief, sur celle de l'usurier Blaizot.

La vie des enfants s'y épanche plus complétement, dans son sentiment intime, plus naïf et plus mystérieux, que les brutalités des rassemblements de collège n'avaient pu le laisser voir chez les petits personnages du *Professeur Delteil*. Enfin, les types bourgeois, plus crus, plus sauvages, mieux diversifiés et exprimant mieux les étrangetés d'esprit, de raisonnement, de tentatives et de passions produites par la vie de province, que ne faisaient *les Bourgeois de Molinchart*, se groupent en un ensemble com—

plet, presque féroce de simplicité, autour du fauteuil de madame Le Camus, la mourante.

Il y a dans ce livre des coups de fouet et des caresses : des coups de fouet qui font bondir de plaisir de les voir si bien adressés et des caresses d'amour maternel qui font pleurer d'attendrissement.

Là se voient également trois des figures de femmes le mieux creusées qu'ait su rendre le romancier : mademoiselle Bec, madame May et madame Le Camus.

Un sentiment de la nature humaine, gras, viril ; une intelligence de la vie, enveloppante, philosophique, pratique ; une force spéciale, comment dirai-je, de sentir, de refléter en dedans de soi les images ; une pensée vigoureuse qui étreint un vaste cercle et rassemble dans le même faisceau l'expression savante de la bonté, de la dureté, de l'engourdissement, de l'avarice, de la bassesse, de la ruse, de l'imbécillité, de la tyrannie, de la résignation, de la timidité, de la brutalité, de la cupidité, du dédain, de l'insolence, de la domination tortueuse, font aussi de *la Succession Le Camus*, et plus peut-être que de tout

autre livre, une riche corne d'abondance, d'où
s'échappent à flots les beaux fruits délicats,
les grains de pur froment, les épis ployants.

Le dernier volume publié par M. Champfleury cont :nt *les Amoureux de Sainte-Périne*
et *Richard .oyauté*.

L'institu on de Sainte-Périne a servi au
romancier omme un cadre tout trouvé pour
renfermer .es passions, les manies, les faiblesses des vieillards. C'était là une face curieuse par excellence, féconde, et présentant un grand tableau d'ensemble comme
M. Champfleury les poursuit.

Ce nouveau roman a paru très-cruel et ne
pouvait être autrement que cruel, mais il a
apporté la révélation de faits psychologiques
très-importants et c'est là une considération
fort supérieure à celle de savoir si le livre a
jeté ou non certaines gens dans une colère
noire. La passion âcre et sans espoir de la
vieille fille; l'avare qui se laisse dépouiller par
l'amour plus rapidement qu'un prodigue; la
femme grasse et bien conservée, dont la bonté
d'âme cause tous les malheurs d'autrui, en ne
refusant pas à l'homme galant, au crâne lui-

sant, le bonheur de la courtiser; la femme méchante et malade qui envenime par son fiel toutes les plaies; la femme intelligente et atteinte d'une grande douleur que personne ne console et qui console toutes les autres; l'homme poli, celui qui ne songe qu'aux moyens de prolonger l'existence; le petit peintre heureux; les bons Ravier; les jeux galants; tous ces personnages, tous ces détails ont été reproduits avec une netteté et surtout une vivacité comique singulièrement franche qui gêne beaucoup de personnes.

Lorsqu'une science psychologique très-élaborée se complaît ainsi à éclater en incidents comiques, très-vifs, en faits pleins de brutalité, surtout à propos des femmes, les gens *aimables* ne se demandent pas quelles sont les raisons d'irréprochable réalité et de forte et originale curiosité qui ont déterminé cette science à choisir de la sorte ses scènes démonstratives, mais ils se fâchent et accusent l'auteur de manquer de galanterie, de respect. Le médecin aussi qui regarde une épaule nue ou un sein pourrait être accusé de manquer de respect.

Les Amoureux de Sainte-Périne font partie de la grande série de groupes entreprise par M. Champfleury scientifiquement et philosophiquement, pour célébrer de plus en plus le culte de la vérité ; ils sont un pas de plus en avant, en ce que le romancier y a donné à son arc une raideur, une force qu'il n'avait pas obtenu encore à ce degré.

Depuis qu'il a commencé son œuvre, M. Champfleury ne s'est donc pas ralenti. Chaque livre a été une conquête emportée de haute lutte, un agrandissement de son domaine, un perfectionnement de ses qualités. De plus en plus il est maître de l'observation, défriche ici un champ, allume là un phare, ouvre une éclaircie, accumule des récoltes dans ses granges, et nourrit les affamés de nouveau, de savoir et de curieux.

Greffés sur le tronc de ces grands travaux créés par le vouloir, et les complétant, il en est d'autres qui sortent de la plume de M. Champfleury comme par surabondance de sève et pour ainsi dire sans qu'il le prémédite. Tantôt c'est une physionomie étrange qui s'est emparée de sa pensée, s'y est logée toute vive et le tourmente sans relâche pour être mise dehors. Tantôt ce sont des discussions folles, des idées inouïes, des prétentions bouffonnes, qui ont retenti à son oreille, bourdonnent autour de lui, et ne lui laissent point de repos jusqu'à ce qu'il les ait entortillées dans l'habit comique et dénoncées au bon sens public. Quelques souvenirs attachés au cerveau ou au cœur, et représentés aussi par de petites figures souriantes ou tristes, agitent et gênent par leur danse l'esprit du romancier qui, pour retrouver le calme indistrait nécessaire à l'observation, est obligé de prendre ces petites figures et de les piquer sur les pages d'un livre, d'un livre qui s'appelle *les Sensations de Josquin*.

Telle est cette œuvre joyeuse, sereine et hardie, à laquelle personne, aujourd'hui, de la nouvelle génération de 1850, ne peut opposer un ensemble aussi imposant par le nombre, la variété, l'étendue intellectuelle, la netteté de la volonté qui l'a créée, l'inflexible poursuite d'un but défini et le rôle rempli pour l'éclaircissement de la vie contemporaine.

III

J'arrive en dernier lieu à ces discussions soulevées contre M. Champfleury, à propos d'une prétendue tendance à crucifier dans ces livres des personnages vivants, et à se renfermer dans les limites d'une copie absolue de ces mêmes êtres, soit à leur détriment, soit à leur avantage.

Il y a cinquante ans, les romanciers, au-dessous du titre de leurs romans, ne manquaient jamais d'ajouter : *histoire vraie*. Aujourd'hui, les écrivains entrés dans la voie dite du réalisme seront-ils donc obligés d'écrire en tête de leurs œuvres : *histoire qui n'est pas vraie !* Auront-ils un autre moyen de se débarrasser des accusations que leur suscite la faculté qu'ils ont de rendre parfaite l'illusion de la réalité ?

A l'époque où il étudiait les excentriques,

M. Champfleury, afin de se rendre compte de la manière dont il sentait le réel, imagina de créer un excentrique de pied en cap. Il voulait voir si les lecteurs reconnaîtraient une différence entre le personnage imaginaire et ceux qui avaient été étudiés sur nature. Il inventa *Jupille le thalysien* et l'entoura si rigoureusement de toutes les conditions absolues de la réalité qu'on y fut trompé. Si bien trompé, qu'un critique très-gourmand, séduit par la description feinte de certaines sauces dorées et exquises dont le romancier s'était régalé chez le prétendu Jupille, supplia l'auteur des *Excentriques* de le mener chez ce Jupille goûter de ces sauces nouvelles et si bonnes. Le romancier avait indiqué dans son livre la rue et le numéro de la maison où demeurait Jupille. Egayé et embarrassé à la fois, car il ne tenait point à démentir l'existence du faux excentrique, il se laissa mettre en voiture par le critique impatient. Arrivés à la prétendue demeure de Jupille, il fallut cependant trouver une explication : — Ah mon Dieu! s'écria le romancier, Jupille a déménagé! Et il ramena le critique gourmand qui, dans sa désolation de n'avoir point goûté des sauces, ne pouvait se consoler.

Dans son roman de *la Vieille Fille*, qui se passe à Alençon, Balzac décrivit strictement la ville, donna des adresses, prit des noms du pays, reproduisit des enseignes. Par là, beaucoup de gens furent portés à croire qu'avec des indications si précises de lieu, de domicile, de nom, les personnages du livre ne pouvaient être que des portraits copiés sur place. Cependant tout le monde à Alençon sait que jamais ces personnages n'existèrent en cette ville.

Qui donc maintenant pourra venir dire en face des œuvres de l'écrivain dit réaliste : Tel personnage est copié, je connais celui qui a servi de modèle, celui-ci est réel, celui-ci est imaginaire. Qui pourra venir dire : Voici qui est d'invention et voilà qui est du daguerréotype.

D'ailleurs que fait une seule individualité au romancier, à quoi lui servirait-elle, que lui donnerait-elle de complet, en quoi peut-elle se vanter d'être un type ? Il a besoin de mille individualités de même classe pour en extraire cette figure typique qui est le but de son art. Chacune d'elle lui fournit un trait saillant, et par la réunion de ces traits saillants, il obtient une physionomie accentuée vivement, en relief, qui est l'expression de toute une classe d'êtres, la résume et la fait ressortir. Mais croira-t-on qu'une seule personnalité contiendra tant d'accent et de vivacité, et que la passion, le vice, le ridicule, l'intérêt qui l'animent et que le romancier cherche à mettre en lumière ne sont pas effacés chez elle par les mille détails de l'individualité, par d'autres traits de tempérament qui la spécialisent, se croisent pour ainsi dire, s'embrouillent. Ces détails, ces traits spéciaux lui donnent sa vie particulière et dès lors la rendent impropre à figurer une expression générale. Dès lors aussi elle n'est utile au romancier que par un côté restreint, et s'il lui prend quelque chose pour l'ajouter au type qu'il crée, elle aurait mauvaise grâce et grande prétention à se croire peinte et portraite.

Pense-t-on qu'un seul avare, par exemple, qu'on daguerréotyperait, qui serait fixé juste dans toute sa personnalité, tel qu'il devrait l'être si l'on en faisait *le portrait,* rendrait le tableau de l'avarice. Non, l'amas de ses sensations, de ses idées, de ses mouvements lorsqu'il est aux prises avec tout ce qui ne touche pas son vice, cet amas reproduit fidèlement étoufferait, effacerait par sa dimension les traits de l'avarice, et l'on verrait un personnage complexe et divers, chez qui cette avarice n'apparaîtrait pas beaucoup plus qu'une pierre de taille dans tout l'appareil d'une construction.

Cela est si vrai, que jamais un homme qui écrit ses mémoires ou ses confessions ne ressemble à un autre homme.

On ne sait donc pourquoi, je le répète, telle ou telle individualité viendrait revendiquer le bénéfice ou se plaindre du désagrément d'être peinte par le romancier, alors qu'en passant il lui a emprunté peut-être une verrue seulement ou une grimace, qu'il a mise sur une tête tout-à-fait autre. Ce sont-là des griefs ou des joies bien impalpables.

Bien plus, qu'on admette une réalité acharnée, elle prendra, comme le fit Diderot dans son immortelle histoire de Mademoiselle de la

Chaux (*Ceci n'est pas un conte*), elle prendra les noms de personnes vivantes, elle s'emparera de leurs actes, même; mais la chaleur d'invention, le besoin de liberté, la curiosité de nouveau qui tourmentent l'écrivain, transformeront entre ses doigts et les personnes et leurs actions et leurs sentiments, et là encore les individualités ne pourront prétendre à avoir été peintes et à reconnaître leurs portraits.

« Certes, a déjà dit à ce sujet M. Champfleury (*Réalisme*), je ne m'enthousiasme pas pour cette réalité poussée à ses dernières limites, ce qui ferait qu'en vue de la vérité mal comprise on poursuivrait sur la scène et dans le livre des citoyens qui doivent jouir du bénéfice de la vie privée.... Mais dans ce petit chef-d'œuvre, admis de tous, Diderot, esprit plein de feu, d'invention et d'enthousiasme, n'avait eu qu'à étaler la nature dans quelques pages..... Diderot est un *inventeur* en écrivant la passion de Mademoiselle de la Chaux..... Diderot, en se servant de la nature et de faits positifs, nous donne l'analyse d'une passion dévorante, telle qu'on n'en avait jamais peint de pareille avant lui. »

L'homme qui *inventa* la *Religieuse,* par gageure et pour mystifier un de ses amis, inventa certainement aussi la Mademoiselle de la Chaux qu'il nous a donnée, et la réelle ne ressemblait pas à celle-ci.

Ces débats ont de tout temps, d'ailleurs, constitué la lutte des hommes d'observation et de fortes sensations contre le public troublé par la vigueur de réalité qu'ils imprimaient à leurs créations.

La Bruyère dut se défendre, harcelé d'attaques du même genre, et je citerai les paroles qu'il prononça dans son discours à l'Académie pour répondre aux gens qui se *reconnaissaient* dans ses *Caractères* : « J'ai peint à la vérité d'après nature, mais je n'ai pas toujours songé à peindre celui-ci ou celle-là, dans mon livre de mœurs : je ne me suis point loué au public pour faire des portraits qui ne fussent que vrais et ressemblants, de peur que quelquefois ils ne fussent pas croyables, et ne parussent feints ou imaginés. Me rendant plus difficile, je suis allé plus loin : j'ai pris un trait d'un côté et un trait d'un autre; et de ces mêmes traits, qui pouvaient convenir à une même

personne, j'en ai fait des peintures vraisem-
blables. »

N'est-ce point là tout dire !

EDMOND DURANTY.

Avril 1859.

—

A GUSTAVE MATHIEU

3

I

La rue Saint-Denis aux prises avec la nature.

M. Gorenflot était un mercier retiré qui acheta une petite propriété dans les environs de Grateloup. La passion du jardinage s'empara de lui à un tel point qu'il changea plus de dix fois la physionomie de son jardin. Les quelques arpents de terre qui encadraient sa maison étaient jadis remplis d'arbres fruitiers d'un certain rapport en pommes, poires, prunes, noix, etc. M. Gorenflot décida que ce clos serait changé en potager, et fit abattre les arbres, malgré les remontrances de sa femme, personne essentiellement conservatrice. Après que les ouvriers eurent extrait les souches et racines des arbres fruitiers, ils plantèrent à la place des choux, des

carottes, des artichauts et des asperges, l'ancien
mercier prétendant qu'il en retirerait un notable
bénéfice ; mais, comme il n'avait pas de patience
et que les légumes ne poussent pas sur la simple
volonté des propriétaires, il arriva que M. Gorenflot
se dégoûta de son potager de même que de son clos.
Il arracha lui-même les légumes, fit venir un habile
jardinier, et lui commanda de faire de ses arpents
de terre le lieu de plaisance le plus beau qui se pût
voir. Si le jardinier eût pu conformer son art à
l'imagination du mercier, le jardin se fût trans-
formé immédiatement en une sorte d'Eden, car il ne
s'agissait de rien moins que de montagnes, de cours
d'eau, de pavillons chinois, de perspectives, d'allées
ombreuses et de mille autres détails qu'on n'eût
jamais cherchés dans la tête d'un homme dont la
principale occupation avait été d'auner des rubans
rue Saint-Denis pendant vingt ans ; mais les plus
grandes folies sont quelquefois celles qui viennent
le plus tard. Le jardinier, en homme qui ne veut
point mécontenter ses clients, promit tout ce que
son client souhaitait, et appela à son secours un
architecte dessinateur de jardins qui s'entendit si
bien avec lui, qu'en moins de deux ans le lopin de
terre qui avait été clos, puis potager, puis jardin
anglais, coûta à son propriétaire près de cent mille
francs ; le tout pour arriver à une sorte de platitude
d'un goût douteux, où un chalet, ressemblant à
une boîte de confiseur, faisait une piètre mine.

Le mercier ne jouit pas longtemps de ses belles

imaginations. Cet homme, qui avait passé vingt ans dans un comptoir à vendre de la mercerie sans se fatiguer de cette occupation régulière, était devenu à la campagne l'être le plus fantasque de l'univers. Chaque minute amenait son nouveau projet ; sa cervelle était toujours en danse ; les idées bouillonnaient en lui, et son sommeil était troublé par des monologues sans fin, des cris, des secousses, des soubresauts tels que sa femme, effrayée, jugea à propos de faire lit à part. Si la malheureuse femme fut inquiétée par les visions nocturnes qui s'étaient emparées de son mari, elle ne fut pas moins tourmentée par des hallucinations diurnes dont les effets se tournaient contre l'innocent enclos. Prévoyant combien étaient ruineuses ces fantaisies, la mercière reprit son caractère d'ancienne maîtresse de pension, et signifia à son mari qu'il eût à s'abstenir désormais de changer la physionomie du jardin.

— Fais ce que tu voudras ailleurs, lui dit-elle, mais je te défends de tracasser mes fleurs.

Il fallait que la mercière éprouvât une vive colère, car elle s'était oubliée jusqu'à prononcer des paroles qui sont rarement perdues en ménage. *Fais ce que tu voudras ailleurs*, avait-elle dit. Ces quelques mots si simples, dits avec légèreté, qui ne contenaient certainement pas le sens que M. Gorenflot leur appliqua plus tard, semblèrent d'abord emportés par le vent. Il y a dans la vie mille paroles indifférentes, auxquelles l'homme ne prend pas garde sur l'instant, jusqu'au jour où certaines actions nécessitent l'appui de ces paroles qui se retrouvent présentes dans le cerveau pour le plus grand étonnement de chacun : ainsi M. Gorenflot ne fit pas grande attention à l'imprudent *Fais ce que tu voudras ailleurs* de sa femme. Tracassé de n'avoir plus de jardin à mettre à l'envers, il méprisa son terrain comme chose inutile et ne trouva désormais aucun plaisir à s'y promener. Un jour, l'ennui le poussa dans la campagne, à travers champs, et, après une heure de marche, à la lisière de la forêt de Grateloup. Ce qui se passe dans la tête d'un ancien mercier jeté tout d'un coup en pleine nature est délicat à définir : sur mille sentiments divers qui l'assiégent, on peut être certain qu'il sourit tout à coup en rencontrant une clairière naturelle, faisant rond-point avec voûte de feuillage : car l'idée d'un énorme pâté assaisonné de non moins grosses plaisanteries, ce pâté bourré de lièvres, de pigeons, de lard, mangé en société d'autres bourgeois, est certainement la première idée qui se rattache à la forêt. Les oiseaux, le feuillage, les arbres, sont repoussés à des plans très-lointains. Dans les bois, il est convenu qu'on mange du pâté, qu'on boit du petit vin, qu'on chante des gaudrioles, qu'on rit et qu'on s'amuse extrêmement. Heureuses natures !

Cependant la forêt de Grateloup ne produisit pas cet effet sur le mercier, irrité des volontés de sa femme qui l'exilait du jardin ; mais, peu à peu, il subit l'influence sereine de la forêt, et un calme délicieux remplaça les agitations domestiques. Madame Gorenflot s'était rappelé un certain proverbe fort répandu dans la mercerie : « Quand on prend du galon, on n'en saurait trop prendre. » Comme sa volonté fortement exprimée avait été suivie au pied de la lettre par son mari, dès lors elle s'appliqua à le tyranniser et à en faire un malheureux esclave. M. Gorenflot crut d'abord à quelque mauvaise influence de la lune sur le caractère de sa femme, et il la laissa dire, comptant bien reprendre ses culottes au premier jour, quoiqu'il s'en inquiétât médiocrement, ayant trouvé dans le séjour de la forêt des rafraîchissements particuliers contre les querelles intérieures. Il retourna donc se promener du côté de Grateloup, et entra dans les fourrés avec le plaisir d'un homme qui se jette l'été dans une fraîche rivière. La forêt répondit aux désirs du bourgeois ; elle lui prodigua ses onguents, ses baumes, son élixir, qui donnaient aux jambes du bourgeois des ressorts que le comptoir de la rue Saint-Denis avait un peu rouillés. Cependant l'inactivité commença à peser sur M. Gorenflot qui, se trouvant dans une petite allée longée d'un côté par le taillis et de l'autre par des roches, jugea à propos, pour se divertir, d'en écarter divers fragments de grès qui obstruaient le sentier par endroits. Ce fut d'abord un métier pénible : le mercier, qui avait du ventre, ne se baissait pas sans difficultés, et il arrosa littéralement le terrain de sa sueur ; mais il en fut récompensé par une certaine souplesse qui le ramena tout guilleret chez lui. Et ce ne fut pas

sans avoir jeté de nombreux regards sur son *travail*
qu'il quitta cet endroit, se promettant d'y revenir
le lendemain et d'y parachever la besogne entreprise.

L'allée était longue, les fragments de grès nombreux ; le mercier passa huit jours à enlever toutes
les pierres qui altéraient la régularité de ce sentier
qu'intérieurement il appela *son* sentier ; ensuite ce
fut une nouvelle besogne. Les grès tombés du
rocher sur cette route y avaient produit une certaine humidité favorable au développement des
mauvaises herbes et des plantes vulgaires à longues racines : le mercier ayant commencé à embellir son sentier, ne put le laisser en toilette négligée.
M. Gorenflot passa une quinzaine à enlever toutes
les herbes parasites assez audacieuses pour donner
quelquefois de nouveaux rejetons le lendemain, et
il voulut en avoir le cœur net. Le terrain gras et
noir se prêtait au développement des herbes dont il
semblait le complice : le mercier découvrit non loin
de là une sablonnière, et le jour suivant il marcha
vers Grateloup, traînant après lui une brouette et
une bêche. Ce petit chemin humide, parsemé de
grès, se trouva tout à coup changé en une allée de
jardin anglais, couverte d'un sable argenté et offrant
à l'œil un joli ruban de route plus agréable que tous
les rubans, même les plus élégants, de la mercerie
de la rue Saint-Denis.

On parle de fiers conquérants, penchés sur une
carte, qui s'écrient en suivant les lignes d'un

royaume : Ceci sera à moi. Ce sont là de petits orgueilleux en présence d'un mercier qui a nettoyé une route en pleine forêt et l'a rendue jolie à l'œil. M. Gorenflot rentra chez lui avec un de ces enthousiasmes extatiques devant lesquels on peut trouver sa maison brûlée sans en ressentir le plus léger trouble. *Son* sentier était terminé ! D'un chemin rempli de pierres, il avait fait une route convenable. Il le dit à sa femme d'une façon énigmatique :

— Je te mènerai voir un petit chemin où il n'y a pas de pierres.

La mercière crut que ce mot était une gaudriole, comme il s'en débite en grande quantité dans le quartier du Marais ; mais, au raisonnement que tint ensuite son mari, elle comprit qu'il y avait quelque mystère :

— Dépêche-toi de faire la soupe, nous irons voir le chemin.

Pendant le diner :

— Il faut manger vite, pour voir le chemin éclairé par le soleil.

Quand ils furent en route :

— Tu n'en finis pas, disait le mercier à sa femme ; il sera trop tard pour voir le chemin.

— Quel chemin ? demandait à chaque fois la mercière, pleine de curiosité.

— Tu verras tout à l'heure.

— Dieu, que c'est loin ! disait la grosse dame.

— Quand tu auras vu le chemin, tu ne regretteras pas ta route.

Ils arrivent enfin à ce chemin tant prôné. Le mari s'arrête et jette le long de la route sablonnée un de ces regards qu'un don Juan envierait pour attendrir une beauté cruelle.

— Où allons-nous maintenant? dit la mercière.

— Nous y sommes.

— Ici?

— Tu ne vois donc pas?

— Je ne vois rien.

— Regarde avec attention...

— Quand j'ouvrirais les yeux comme des portes cochères.

— Voilà le chemin! s'écria le bourgeois avec un accent enthousiaste qui troubla tous les oiseaux du voisinage.

— Ça, le chemin?

— Mon chemin...

— Ton chemin? demanda la mercière... Je ne te comprends pas.

— J'en suis l'auteur, dit le mercier... Ces pierres que tu vois dans le taillis, je les ai enlevées une à une... Ce sable jaune qui couvre la voie, j'en ai rempli deux cent quarante brouettes.

— Et tu me fais venir ici pour ça? s'écria la mercière indignée... Tu te moques de moi, n'est-ce pas?

Ce fut une pluie d'injures auxquelles le malheureux mercier ne s'attendait pas: il ne demandait pas de vulgaires compliments; il croyait à un enthousiasme excessif, car lui-même ne trouvait pas

de paroles assez belles pour se payer de ses travaux, et il ne recueillait que des aigreurs. Pendant le retour, il fut obligé de boire le vinaigre
que sa femme ne cessa de lui porter à la bouche
au bout d'une éponge.

— Me faire faire deux lieues, disait la grosse
dame essoufflée, pour un misérable chemin sur
lequel tu as jeté du sable..! Ma parole, je crois
que ta tête déménage..! Faut-il que je sois assez
malheureuse pour vivre avec un être tel que toi !

Ces acrimonies reliaient de plus en plus le mercier à la forêt, car une sorte de lutte s'était établie
entre les deux époux, l'un tenant pour le jardin,
l'autre pour la forêt ; mais M. Gorenflot était plus
piqué au jeu que sa femme. Quand il eut nettoyé
son chemin complétement, il s'aperçut qu'il avait
travaillé presque en pure perte ; le chemin longeait
la forêt et conduisait naturellement à la lisière. Tout
piédestal veut sa statue. Avoir arrosé cette route
de sueurs pour mener à la lisière d'une forêt parut
au mercier une besogne perdue ; nécessairement les
promeneurs, en parcourant le sentier sablé, le seul
de la forêt, devaient s'attendre à quelque point de
vue pittoresque, à quelque surprise champêtre. Un
tel chemin, qui ne conduisait devant aucune merveille, semblait une mystification. M. Gorenflot le
jugea sainement ainsi ; et il parcourut la forêt dans
les environs, ne se rendant pas compte d'abord du
motif qui le poussait, lorsqu'à une portée de fusil
il rencontra une mare sombre ombragée par des

a res de nature funèbre, qui sentaient le deuil et remplissaient l'esprit de réflexions tristes. De grandes herbes maigres s'étaient emparées de la mare, en compagnie de larges feuilles aquatiques d'un vert sombre que jamais n'égayait le soleil, car les arbres semblaient s'être entendus pour pencher leur feuillage mélancolique au-dessus de l'eau. Personne ne pénétrait dans cet endroit, à en juger par les concerts des grenouilles et les cris d'oiseaux sinistres qui se rassemblaient dans le voisinage de l'étang, certains de ne pas être tourmentés.

Le mercier fut frappé de stupeur devant ce triste étang, et, sans se rendre compte de la violente antithèse qui germa immédiatement en lui, il décida que le joli chemin sablé ferait tout à coup un brusque détour et conduirait à la mare noire. Le sentiment du pittoresque ne le poussa pas précisément dans cette entreprise, mais le hasard. S'il avait trouvé quelque endroit curieux sur son chemin, il l'eût choisi : la mare se trouva à sa portée, et ce fut ainsi qu'elle profita des idées téméraires d'embellissement d'un mercier inoccupé. Le détour était assez grand pour que M. Gorenflot ne crût pas pouvoir mener lui-même son idée à exécution, mais il combina de grands ensembles, dessina des circuits et marqua d'une croix, avec sa serpe, les petits arbres qui gênaient l'accès de la mare. Non loin de la propriété du mercier habitaient de pauvres manouvriers dont la profession consistait plutôt en maraudage qu'en journées régulières : M. Gorenflot se les attacha, et comme ils avaient le flair assez habile pour éviter les forestiers, il s'en fit des complices intelligents. De grand matin, ayant le mercier à leur tête, ils partirent pour la forêt et abattirent avec une extrême rapidité tous les petits arbres qui gênaient le parcours de la nouvelle route.

Le mercier les regardait faire avec des yeux enflammés : il se sentait délinquant, presque criminel, et cette aventure lui donnait de chaudes ardeurs. On a remarqué que certains voleurs ne volent pas uniquement pour voler : ils ne sont pas mécontents de faire passer une montre du gousset d'un bourgeois dans le leur, mais leur jouissance vient surtout de la confusion du volé, de son trouble, de ses yeux hagards, de sa grimace. C'est le voleur vulgaire qui s'en va après avoir fait son coup ; le voleur enthousiaste reste, au risque d'être arrêté, pour jouir du jeu des passions sur la physionomie de celui qu'il a dépouillé. M. Gorenflot, à de certains frémissements, comprit le charme apporté par le danger : l'œil au guet, l'oreille tendue, il lui fallut prêter toute son attention aux moindres bruits du voisinage. Il se savait sous le coup de la justice, quoi qu'il cherchât à embellir la forêt, et les opérations relatives au nouveau chemin, dont l'achèvement demanda une huitaine, lui firent passer des heures pleines d'émotion.

Quand le chemin fut tout à fait terminé, M. Gorenflot s'y promena avec des redressements de corps, un regard hautain, un port de tête à la

Mirabeau, une telle importance dans toute sa personne, qu'un forestier l'apercevant en cet équipage, n'eût jamais pensé que ce personnage considérable descendait jusqu'à traîner lui-même des brouettes de sable dans les allées. Jamais acteur rappelé par un public nombreux ne fut si glorieux : toute cette partie de la forêt réveillée par les embellissements du mercier semblait le remercier. Avec son épaisse intelligence il en arriva au panthéisme dont la littérature d'alors abusait : à croire qu'un arbre penché le saluait, que les plantes envoyaient leurs odeurs pour lui, et que la mare où se reflétait sa grosse figure rouge se convertissait en miroir à son intention.

—Qu'est-ce que tu as encore dans la tête ? lui dit sa femme, étonnée de ses singulières façons d'agir, de parler, de marcher, car il porta dès lors la forêt dans son cerveau et dans son cœur. L'*idée fixe*, qui pousse quelques rares hommes au génie, était rivée à toutes ses sensations et les reliait en un seul paquet, de telle sorte qu'au moindre appel la forêt se présentait immédiatement. Taillis, clairières, futaies, chemins couverts s'introduisaient dans la tête du mercier, qui fut plus tard connu sous le nom de *l'Amant de la forêt*.

Jamais titre ne fut mieux décerné.

———

II

Histoire de trois fromages. — Ce que les gens épais ne voient pas dans la peinture.

Il n'y a pas plus d'une quinzaine d'années, quelques esprits inquiets tournèrent leurs affections vers la nature , qui n'en avait pas absolument besoin. Ce furent des hymnes sans fin, des adorations et des encens prodigués en pure perte pour les arbres, les plantes, les flots de la mer, les insectes, les animaux, le soleil et la lune. L'homme fut jeté de côté momentanément, mais le brin d'herbe reçut de nombreux hommages. On crut entendre de réels gémissements dans les feuilles des arbres secoués par les vents ; le craquement du bois de chauffage dans la cheminée ne parut pas si naturel qu'on se l'était imaginé jusqu'alors, et la colère des flots, jadis regardée comme une image poétique, fut prise tout à fait au sérieux. La lune, avec sa mine de mélancolique convalescente, reçut nombre de consolations affectueuses ; quelques-uns appelèrent le soleil *mon ami*, et poussèrent l'audace jusqu'à le tutoyer; d'autres, plus délicats, qui aimaient les premières violettes, jurèrent que le *chevalier* Printemps s'avançait. Ce fut une drôle de comédie, dans laquelle la brise causait avec la prairie , et le tison avec les étincelles de la cheminée. La littérature affecte quelquefois de ces modes bizarres qui ne prennent pas et que les garçons tailleurs finissent par porter. Je me souviendrai toujours d'un certain pantalon qui représentait sur la jambe droite *des ieux* envoyant des baisers à mademoiselle *Lescaut* dessinée sur la jambe gauche. Le système nerveux des ardoises, qu'on a beaucoup plaint d'être exposées au grand soleil sur un toit, n'a guère trouvé plus de partisans que ce pantalon romanesque.

Comment se produisit cette religion ? qui en fut l'inventeur? Rien n'est plus difficile à constater. Ce fut une mode inventée par un homme qui trouva quelques imitateurs, heureux de se raccrocher à une doctrine qui parut nouvelle sur le moment. Il est certain que les *Amis de la Nature* se réunissaient en une sorte de club dans une brasserie : le fait est prouvé par les registres de l'établissement, où de longues colonnes à l'article *Doit* attestent et les nombreuses libations en l'honneur de la nature et

la grande quantité d'encens brûlé. La bière de
Strasbourg et le tabac de caporal font naturellement penser à l'Allemagne, d'où sortit le germe de
cette religion : à l'époque où la mode n'était ni à la
pipe ni à la bière, on ne s'occupait pas autant de la
nature. L'indolence produite par d'épaisses fumées
et de non moins épaisses boissons remplit le cerveau de toutes sortes de vagues rêveries communes
aux faiseurs de *lieder* d'outre-Rhin, et chassa cette
précieuse gaîté qui faisait des anciens conteurs français les premiers conteurs du monde. Si le tabac et
la bière doivent passer avec l'influence allemande,
comme il faut l'espérer, il est peut-être curieux, à
l'heure qu'il est, de signaler cette tendance étran-
gère qui éleva les *Amis de la Nature*, les poussa à
discuter pendant de longues soirées, et les emporta
dans de singulières expéditions à la suite d'un
homme aventureux.

Le jury de peinture se trouva même à cette occasion dans un certain embarras. Un peintre anglais,
M. Pickersgill, avait envoyé un fromage de Chester,
très-spirituellement peint, qui fut reçu d'emblée.
Puis vint un autre tableau d'un Flamand représentant un fromage de Hollande dans tout son embon-
point. Quelques esprits distingués firent la remarque
que ce sujet n'était peut-être pas de la plus grande
importance ; mais comme il s'agissait de ne pas faire
perdre à un Hollandais le fruit de ses veilles,
l'œuvre fut admise. Tout à coup, le gardien fait
passer sous les yeux de la commission une toile

d'une vérité tellement saisissante, que les deux précédents tableaux furent éclipsés, et que chacun des membres se pinça le nez d'un air de dignité. — Encore un fromage ! — tel fut le cri qui s'échappa de toutes les bouches. Cette fois il s'agissait d'un fromage de Brie paresseusement étendu sur sa planchette, recouvert d'une croûte jaune mucilagineuse, teintée à divers endroit de rayures verdâtres auxquelles étaient attachés des débris de paille. Un angle de ce fromage avait été enlevé par un criminel couteau à manche noir que le peintre avait reproduit dans sa cruelle signification, non loin de l'innocent fromage. — Assez de fromages ! enlevez ce fromage ! — s'écria le jury outragé, qui continuait à se garantir le nez des émanations de ce produit de la Brie ; car il était peint avec tant de vérité, que le fait des oiseaux becquetant les raisins d'Apelles, raconté par les anciens, se trouva confirmé par le pincement de nez de toute la commission.

L'indignation du peintre fut grande à cette nouvelle : il appartenait au cercle des *Amis de la Nature* et devait trouver naturellement des défenseurs en cette circonstance, quand l'histoire des trois fromages fut connue dans ses moindres détails.

— Il n'y a pas de raisons, dit le peintre Lavertujeon, pour qu'on me sacrifie à M. Pickersgill, dont le Chester est peint sans aucune réalité, avec une sorte d'eau de groseille.

— Tel que vous le racontez, répondit le philosophe Bougon, qui, lui aussi, appartenait au cercle des *Amis de la Nature*, ce Chester ne renferme pas de drames.

— Ni celui de Van Keuke, reprit Lavertujeon. Son *Hollande* est inutile; il ne signifie rien; il est au milieu de la toile : c'est un fromage bête.

— On n'aime pas en France la peinture à idées, continua le philosophe Bougon. Il y a une idée dans votre tableau, Lavertujeon, c'est ce qui vous a fait exclure.

— Tout le monde trouvait le Brie d'un ton charmant.

— Il ne s'agit pas de tons ici, dit le philosophe, qui s'était donné pour mission de fourrer après coup des symboles dans la tête et les œuvres des peintres.

— Bigle trouvait le couteau parfaitement réussi. — N'est-ce pas, Bigle ? demanda le peintre, qui avait soif d'éloges.

Bigle était le railleur de la bande.

— Sais-tu ce que j'ai appris à propos de ton tableau refusé? dit Bigle: tu es accusé d'avoir des opinions trop avancées.

— Moi? dit Lavertujeon.

— Oui, cela se voit dans tes œuvres.

— Oh ! s'écria l'innocent Lavertujeon.

— Voilà ce qu'on m'a raconté, dit Bigle : les membres du jury ont accepté les fromages de Chester et de Hollande parce qu'ils ne renferment rien de séditieux, mais ils ont jugé ton Brie un tableau démagogique.

— Avais-je raison de dire, reprit le philosophe, que l'idée avait dû les choquer. C'est un fromage de pauvre ; le couteau, avec son manche de corne et sa lame usée, est un couteau de prolétaire. On a fait l'observation que tu as une violente affection pour les meubles des pauvres : tu es jugé démagogue, et tu l'es.

— Je ne suis rien, dit Lavertujeon.

— Tu es anarchique sans le savoir.

— Ce sont les plus dangereux, ajouta Bigle.

— Si j'y avais pensé plus tôt, dit le peintre, j'aurais mis au fond un petit bénitier.

— Pourquoi faire ?

— J'ai acheté dernièrement un petit bénitier en faïence de Nevers qui sera très-joli à peindre. Il y a un Christ maigre dont les pieds descendent jusque dans la coquille du bénitier... Je le gardais pour un autre tableau ; mais si j'avais pensé que le bénitier pût faire recevoir mon fromage...

— Hypocrite ! s'écria le philosophe. Tu ne crois pas et tu voudrais faire croire que tu crois.

— J'aurais peut-être eu la médaille en ajoutant ce bénitier au fromage... Je ne suis pas ambitieux; une médaille de seconde classe m'aurait suffi.

— Comment peux-tu harmoniser un bénitier avec un fromage ? demanda Bigle.

— Il détruit tout simplement l'idée de son tableau, dit le philosophe. Son drame était complet, saisissant même ; tout le monde le comprenait. Il y avait un angle enlevé dans le fromage. Qui est-ce qui avait touché au fromage ? Le couteau. C'était clair ; la composition était satisfaisante.

— On a trouvé mon tableau bien groupé ! dit le peintre.

— Que serait venu faire ton bénitier en face du fromage ? demanda le philosophe.

— Dame, dit Lavertujeon, je l'aurais accroché au mur, dans le fond.

— Oui, dit Bigle, j'ai vu quelquefois des bénitiers dans des cuisines.

— Vous n'êtes ni l'un ni l'autre dans le vrai, ajouta le philosophe Bougon... Le fond du tableau est vague, mais ne saurait représenter une cuisine... Il faudrait alors y ajouter des instruments de cuivre, des bassines, des bouillottes, toute la batterie. Le cadre ne le comporte pas. Ton bénitier serait une anomalie : chacun sentirait que tu prends le masque de la religion ; les penseurs repousseraient ton œuvre, qu'on a jugée sainement en la traitant de démagogique. Par cette puérile adjonction, tu détruis un ensemble logique ; tu te condamnes toi-même; tu n'as plus le courage de tes opinions. Moi, je te le dis sérieusement; ton fromage est parfait de naturel ; ne vas pas le gâter par des accessoires invraisemblables.

— Bougon a raison, dit Bigle.

— Etudie la nature, continua le philosophe, reproduis-la sur la toile, et ne fais pas de concessions.

— Oui, oui, dit le peintre, que ces principes

troublaient; mais si je ne vends pas mes tableaux !

— Tu les vendras plus tard.

— J'aurais dû terminer pour le Salon mon tableau qui représente une Bible, avec des lunettes dedans et une mouchoir à tabac à côté.

— Ceci est autre chose, dit Bigle ; c'est un sujet religieux. J'ai même un conseil à te donner, pour favoriser la vente. Une Bible paraît trop protestante ; les prêtres n'achèteront pas ton tableau ; tu devrais écrire sur le dos du volume : *Paroissien;* tu vendrais beaucoup plus facilement.

— Je n'ai qu'une vieille Bible, dit le peintre.

— Voilà encore des imaginations de Bigle, dit le philosophe. Il faut de la sincérité dans les arts : s'il a peint une Bible, que sa Bible reste.

— Cependant... dit Bigle.

— Pas de concessions au mensonge : tu l'amènerais insensiblement à remplacer la Bible par un volume de Parny, doré sur tranche, avec une couverture de vélin blanc, à filets et à coins dorés ; à la place du mouchoir à tabac, il faudrait de la dentelle; sa table noire serait remplacée par une table de bois de rose. Nous ne pouvons admettre les galanteries, pas plus que le bénitier en face du fromage. C'est ainsi que vous reconnaîtrez la vanité des sujets historiques et religieux, qu'il est impossible de peindre, puisque le peintre ne les a pas vus. Avec de telles faiblesses, nous n'avons plus qu'à nous séparer, nous couvrir la tête de cendres et insulter à la nature. Bigle, tu essayes de corrompre Lavertujeon ; Lavertujeon, prends garde à l'influence de Bigle !

Cette conversation donnera peut-être une faible idée des doctrines des *Amis de la Nature* ; mais le lendemain le peintre Lavertujeon s'enfermait dans son atelier, et, malgré les conseils du philosophe, s'appliquait à faire entrer de force le bénitier dans le mur, en face du fromage de Brie. Tels sont les fruits habituels des conseils.

III

D'un petit vieillard mystérieux aux grandes lunettes, et du singulier rôle qu'il jouait dans la forêt.

Dans ce groupe, Bigle était seulement toléré. Il ne traitait pas la nature avec assez de considération : jamais on ne l'avait entendu parler d'arbres ni de verdure. Quand un poète commençait à parler des relations de la brise avec le ruisseau, Bigle prenait son chapeau et s'enfuyait. On sut qu'il avait tenu quelques mauvais propos sur le compte des grillons, et il passa pour un sceptique d'une espèce dangereuse. Un jour, il eut l'audace de témoigner aux *Amis de la Nature* l'étonnement où il était de les voir perpétuellement enfermés dans une brasserie, occupés à discuter des questions de rhythme et d'enjambement.

— N'est-il pas singulier, leur dit-il, que vous buviez de la bière toutes les nuits au lieu de vous lever de bon matin et d'aller aspirer les fraîcheurs de la rosée ?

— Rien n'est plus malsain que l'air du matin, dit un des peintres, qui se levait habituellement à midi ; on peut attraper de grosses maladies en se levant le matin.

Cette façon d'envisager la nature ne convenait pas à Bigle, qui annonça son départ pour la forêt de Grateloup, située à quelques lieues de Paris.

— Qu'iras-tu faire dans une forêt? lui disait-on ; tu ne t'y connais pas.

— Quand je ne réussirais qu'à enlever de mes habits votre odeur de tabac, je me trouverais encore satisfait.

Voilà Bigle parti pour la forêt. Il n'y avait pas une heure qu'il l'arpentait, quand il aperçut un petit homme accroupi contre un rocher, un pinceau à la main et trempant ce pinceau dans un pot placé à côté de lui. Encore un peintre ! pensa Bigle. Je suis donc condamné à ne rencontrer que des peintres ! —Et il songeait à s'enfuir lorsqu'il remarqua que le petit homme n'avait ni chevalet ni toile et qu'il semblait appuyer son pinceau contre le rocher. Tout à coup l'homme se recula, démasqua le rocher, et laissa voir une énorme flèche couleur bleu-perruquier, devant laquelle il s'arrêta comme s'il venait d'accoucher d'un chef-d'œuvre.

—Qu'est-ce cela ? se dit Bigle, pris d'une certaine

curiosité ; car l'homme venait de pousser un gros
soupir de satisfaction en regardant son énorme
flèche dont le bleu-perruquier donnait mal aux
yeux en produisant une singulière dissonance avec
les genêts tachetés d'or qui fleurissaient au bas du
rocher. Ce petit homme était un vieillard court et
ramassé, la figure perdue derrière d'immenses lunettes assises commodément dans le creux d'un nez
qui tout à coup se retroussait vivement.

— Ah ! ah ! ah ! s'écria le petit vieillard avec une
sorte de satisfaction joyeuse que Bigle ne pouvait
comprendre de la part d'un forestier ; car il s'imagina d'abord que son homme pouvait appartenir à
l'administration des eaux et forêts et être employé
en cette qualité à dessiner des flèches indicatrices
pour les voyageurs égarés ; mais rien d'officiel ne se
faisait remarquer dans les vêtements du vieillard,
habillé d'une sorte de redingote à la propriétaire.
Après s'être reculé de quelques pas, l'homme finit
par s'étendre sur le gazon sans quitter des yeux la
flèche merveilleuse qu'il avait inscrite au beau
milieu du ventre du rocher. Bigle s'apprêtait à lui
demander quelques explications ; mais le charme de
l'imprévu le retint, et, toujours caché derrière un
arbre, il s'appliqua à deviner les secrets motifs qui
amenaient dans cette forêt le vieillard et ses pinceaux. Pendant que Bigle réfléchissait sans rien
trouver de raisonnable, le vieillard se leva, prit son
pot à couleurs et enfila un petit chemin entre le rocher et le taillis. Bigle, à bout de conjectures, se mit

à sa poursuite dans ce sentier boisé et couvert, qui conduisait à une sorte de clairière assez rapprochée, coupée par quatre chemins ombreux et contournés. Il ne put retrouver le vieillard et s'égara de telle sorte, qu'après maints détours il se retrouva à l'endroit même où il avait rencontré le peintre de flèches. Bigle fatigué s'assit à l'ombre, tomba dans une heureuse rêverie, et n'en fut troublé que par l'arrivée d'un véritable peintre, qui s'avançait une boîte de couleurs à la main, le sac sur le dos et un parapluie sur le sac. La flèche tira l'œil du nouveau venu, qui fronça d'abord le sourcil, ouvrit ensuite sa boîte à peindre, prit une petite vessie, l'écrasa sur sa palette, saisit son pinceau, et l'appliqua à son tour contre le rocher, en ayant l'air de retoucher la flèche précédente. — Il y a certainement un mystère là-dessous, pensa Bigle ; quelque complot que je ne comprends pas, dont le rocher semble la victime. —Puis il songea aux fureurs des *Amis de la Nature,* s'ils voyaient salir avec du bleu-perruquier d'honnêtes rochers qui ne demandaient qu'un peu de tranquillité. Si Bigle ne s'était pas rappelé la théorie de l'*âme* des pierres et les *souffrances* que les maçons leur font endurer en les entassant les unes sur les autres, théorie tentée par un forcené romantique, il aurait demandé à ce nouveau peintre quelle besogne il faisait là ; mais les railleries intimes qui se jouaient dans l'esprit de Bigle firent qu'il s'oublia sur le gazon, et quand elles furent fatiguées de s'ébattre, le peintre avait disparu, laissant une flèche double au lieu d'une flèche simple qui existait tout à l'heure ; c'est-à-dire que le nouveau venu avait ajouté un fer au bout du manche de la précédente flèche, de telle sorte que si la première flèche était une indication, la seconde était une contre-indication. Le vieillard avait dirigé le fer de sa flèche vers le midi, et le peintre avait tourné la sienne vers le nord. — Allez ici, disait la première flèche ; allez là, disait la seconde. C'était un *oui* et un *non* batailleurs, qui devaient tromper les plus habiles dans la forêt ; mais Bigle ne s'inquiéta pas davantage du nord et du midi, décidé à marcher devant lui aussi longtemps que ses jambes le porteraient.

Rien n'est plus doux aux yeux des habitants des grandes villes que le vert et ses variétés innombrables. C'est un bain rafraîchissant pour la vue. Les facultés de l'homme s'épurent dans les bois, les nerfs se détendent, l'esprit retrouve son calme, les petites passions et les petits chagrins s'envolent, le scepticisme disparaît, la raillerie n'a que faire devant les chants des oiseaux perdus dans le feuillage. Dans la forêt seulement on redevient *homme* ; à la ville on se sent bourgeois. Bigle ressentait la merveilleuse influence de la solitude : il prenait plaisir à aspirer de l'air et à le rendre, il faisait de grands mouvements comme pour tâcher de se débarrasser de toutes les habitudes de Paris, il se sentait *vivre* enfin. Et il oubliait les heures, mais il se trouva tout à coup fatigué, et ce fut alors seulement

qu'il pensa à son auberge et au diner qui l'attendait. Rien n'indiquait malheureusement le chemin
qui y conduisait, lorsqu'il se trouva en face d'un
nouveau rocher, décoré comme le précédent d'une
flèche à doubles fers cabalistiques dont la vue
commença à l'irriter. Il savait que le village de
Grateloup était au midi ; mais depuis qu'il marchait
dans la forêt, il ne se rendait pas compte du midi ;
peu habitué à voyager dans les forêts, Bigle n'avait
pas la connaissance du soleil, et ces flèches cabalistiques, qui devaient servir d'indication, l'indispo-
saient par leurs fers trompeurs dont il cherchait à
pénétrer le sens, lorsqu'il se sentit frapper sur
l'épaule.

— Je suis heureux de vous trouver enfin, dit
d'un ton menaçant le vieillard aux grandes lunettes.

— Vous êtes du pays, monsieur ? demanda Bigle.

— Oui, monsieur, et quoique vous n'en soyez
pas, vous n'avez pas le droit de vous conduire de la
sorte.

— Hélas ! je ne me conduis pas du tout, dit
Bigle, et je réclamerai votre assistance pour me
remettre sur le chemin de l'auberge du *Cornet d'or*.

— Ah ! vous ne connaissez pas le chemin ? demanda le vieillard d'un ton sardonique.

— Je n'en ai aucune idée, et mon estomac com-
mence à crier.

— Voilà ce que c'est que de vouloir égarer
d'honnêtes gens : vous êtes pris dans vos propres
piéges.

— Quels piéges ? demanda Bigle.

— Ne faites pas l'ignorant !

— Monsieur, je ne suis ignorant que de mon chemin, et vous me rendriez un réel service, si...

— Vous rendre service, moi, dont vous détruisez les travaux !

— Monsieur, vous vous méprenez...

— Vous êtes peintre, je vous reconnais, dit le vieillard, en arrêtant, par-dessus les verres de ses grandes lunettes, un regard perçant sur Bigle.

— Monsieur, je ne suis pas peintre; j'ai le malheur d'en fréquenter....

— N'importe, vous êtes complice.

— De quel crime, monsieur ?

— Je vous ai vu de loin, près de ce rocher, et c'est vous qui avez ajouté cette flèche.

— Moi ! s'écria Bigle. Je n'ai ni pinceaux ni couleurs.

— Dites-moi, monsieur, où sont les lièvres à cette heure ?

— Je n'en sais rien, monsieur, je vous le jure.

— Il y en a peut-être cinquante autour de nous, cachés : vos pinceaux et vos couleurs sont comme les lièvres.

— Monsieur, je vous assure que je n'ai jamais touché un pinceau de ma vie : pourquoi donc ajouterais-je un fer à ces flèches, moi qui en ignore la signification.

— Quoique Parisien, vous ne me ferez pas croire que vous n'avez jamais été dans une forêt où l'administration emploie ces flèches pour guider les voyageurs. Pourquoi chercher à nuire à un homme qui ne veut que le bonheur d'autrui? Vous êtes jaloux de ma réputation; mes ennemis vous envoient ici; avouez-le.

— Monsieur, je n'ai pas l'honneur de vous connaître, même de nom, et je serais fâché de vous avoir blessé en quoi que ce soit : si vous vouliez m'indiquer mon chemin, je vous tiendrais pour un galant homme disposé à rendre service ; au lieu de m'associer à vos ennemis, je répandrais dans le village mille éloges sur votre compte.

— Langue dorée ! dit le vieillard se parlant à lui-même : c'est bien là le langage des villes.

— Cet homme aux flèches bleu-perruquier est un hypocondriaque, pensa Bigle.

— Si vous le trouvez bon, dit le vieillard, j'aime assez à marcher seul ; c'est mon habitude.

— Malgré le plaisir que j'aurais à faire la route avec un compagnon, je vous laisse, monsieur; mais veuillez, je vous prie, m'indiquer la route de l'auberge du *Cornet d'or.*

— Ah ! l'auberge ! dit le vieillard ; elle n'est pas loin d'ici. Il faut d'abord sortir de la forêt. Je devrais vous laisser sans renseignements pour le méchant tour que vous m'avez joué, mais je ne veux pas vous voir souffrir la faim... Au bout de ce taillis, vous rencontrerez une plantation de sapins qu'il faut traverser. Après les sapins, vous vous trouvez en face du *chêne royal,* facile à reconnaitre ; c'est le plus bel arbre de la forêt. Ce *chêne royal* est situé à la lisière d'un chemin qu'on appelle la *route verte*, d'une demi lieue à peu près, au bout de laquelle on rencontre le village. Dans le village, vous demanderez l'auberge du *Cornet d'or*.

Là-dessus le maniaque partit, et Bigle, heureux d'être remis dans son chemin, courut par le taillis afin de gagner la plantation de sapins qui n'existait que dans l'imagination du vieillard, heureux de se venger de celui qu'il regardait comme un peintre ou un affidé de peintre. Après deux heures de marches et de contre-marches, Bigle n'avait rencontré ni sapins, ni chêne royal, ni chemin vert, ni auberge du Cornet d'or. Il se gendarmait contre le vieillard et ses flèches, et regrettait la taverne où les *Amis de la Nature* mangeaient à cette heure du roastbeef et du jambon assaisonnés de littérature, lorsqu'un faible son de cloche l'amena dans un endroit où un pâtre conduisait une vache dont le grelot le tira d'affaire. Le petit paysan revenait au village, et Bigle le suivit, tandis que son estomac creux lui communiquait au cerveau de fâcheuses réflexions sur la nature.

—J'ai assez de la forêt, se dit Bigle, qui pensa à se cacher pendant une huitaine à Paris, car il avait annoncé qu'il allait vivre seul pendant huit jours dans les bois, et il craignait avec raison les railleries de ses amis ;—mais une conversation avec l'hôtesse du Cornet d'or, après le repas, changea les plans de Bigle.

4.

— Vous ne pouvez pas vous en aller d'ici, dit l'hôtesse, sans avoir vu la *Roche-qui-pend*. Monsieur aurait fait un voyage inutile s'il n'avait pas vu nos rochers ; il vient des Anglais exprès de leur pays pour la *Roche-qui-pend*.

L'hôtesse fit une description si merveilleuse du rocher, que Bigle se décida à rester un jour de plus, après avoir demandé toutefois si ce rocher fantastique était orné de flèches bleu-perruquier.

— Monsieur veut rire, sans doute ? dit l'hôtesse ; je ne sais ce que c'est.

Bigle raconta sa rencontre avec le petit vieillard, en dressa un signalement exact, parla de ses grandes lunettes, de son pinceau, de son pot de couleur et des marques qu'il faisait aux rochers ; mais l'hôtesse ne connaissait aucunement le vieillard, et elle crut que Bigle voulait se moquer d'elle.

Dans la nuit, Bigle se dit qu'il avait été le jouet d'une mandragore, et comme il était grand amateur de légendes, tous les gnomes des montagnes, les nains qui tracassent les bûcherons, galopèrent dans ses rêves, et il ne fut pas mécontent de ces agitations, qui changeaient son lourd sommeil parisien en une sorte de féerie mobile. Le lendemain, après s'être fait indiquer la route, Bigle retourna dans la forêt et jeta un coup d'œil attentif sur les chemins, afin de ne plus s'égarer le soir. Il avait à peine fait deux lieues qu'il se trouva devant un fourré très-épais que l'hôtesse lui avait indiqué comme voisin de la *Roche-qui-pend*. Des ouvriers étaient occupés à faire une trouée dans le fourré afin d'y frayer un passage. Bigle s'intéressa à ce travail ; il accablait les ouvriers de questions, quand il entendit un coup de sifflet.

— Qu'est-ce ? demanda-t-il.

— Monsieur, c'est notre maître qui nous donne ses ordres.

— Votre maître ? dit Bigle, je ne le vois pas.

— Regardez là-haut, sur la *Roche-qui-pend*, si vous avez de bons yeux.

Bigle ne fut pas peu surpris de reconnaître le vieillard de la veille, dont les lunettes envoyaient des rayons perçants.

— Je vais donc savoir quel est cet homme ! se dit Bigle qui pensa à interroger les bûcherons ; mais ils remettaient vivement leurs vestes, rengaînaient leurs outils. Tout à coup, on entendit au loin les aboiements des chiens, auxquels succédèrent deux coups de sifflet très-aigus ; en un clin d'œil les bûcherons disparurent, fuyant à toutes jambes. Bigle n'eut pas le temps de réfléchir à cette aventure, car au même moment il se sentit saisir vigoureusement au collet, et mordre au mollet par un chien qui aboyait à toute gueule.

— Au secours ! s'écria-t-il en se débattant.

— N'essayez pas de vous sauver, dit un homme qu'à son costume Bigle reconnut pour un garde forestier.

— Faites donc lâcher votre chien ! criait le malheureux Bigle.

— A bas, Drogaille ! c'est assez, dit le garde forestier à son chien qui tournait autour de Bigle en grondant et en montrant de longues dents. Maintenant vous allez me suivre chez le maire.

— Je ne demande pas mieux, mais je n'ai aucune affaire avec la municipalité.

— Nous réglerons les dégâts commis par vous dans ce fourré, sans compter tous les furetages des jours passés... Où sont vos outils ?

— Je n'en ai pas, dit Bigle, et je suis innocent de ce dont vous m'accusez.

— Il paraît que vous trouvez le massif trop serré ?

— J'arrive à l'instant : j'ai rencontré des bûcherons qui taillaient dans ce fourré...

— Je me doute bien que vous n'êtes pas seul. Drogaille voulait courir après ceux qui se sont sauvés, mais j'ai préféré en empoigner un d'abord ; nous trouverons les autres plus tard.

— Je ne demande pas mieux que de vous aider à découvrir les bûcherons et ce diable de petit vieillard à lunettes dont le sifflet ne me pronostiquait rien de bon.

— Croyez-vous bonnement que je vais courir après vos complices pour que vous m'échappiez ? Je suis aussi malin que vous. Vous ferez vos révélations devant le maire, si cela vous convient... Moi, peu m'importe ; je touche ma prime... Je vous surveillais assez ! Pourquoi ces dégâts, je vous le demande ?

— C'est moi qui vous ferai la question.

— Vous avez une idée, dit le garde, cela se voit : vos coupes sont trop régulières... J'oserai même dire que vous avez été forestier.

— Forestier, moi ! s'écria Bigle qui croyait continuer ses rêves de la nuit précédente.

— Il vaut mieux avouer, dit le garde ; je vous le dis dans votre intérêt.

— Avouer quoi ?

— Vous n'en serez ni plus ni moins puni. L'article 198 est là qui règle votre affaire au plus juste. En vous arrêtant, je vous ai sauvé la prison.

— La prison ?

— Vous vouliez peut-être enlever votre coupe, et comme ce taillis n'a pas cinq ans, vous faisiez de la prison... Ainsi c'est un service que je vous ai rendu.

— Un fameux service ! s'écria Bigle.

— Ma parole, continua le garde, qui aimait à parler, j'ai vu des bois broutés par les bestiaux, ce qui est encore une contravention, mais les animaux ne causent pas autant d'*abroutissement* que vous.

— Que m'importe ! s'écria Bigle exaspéré, qui, à partir de ce moment laissa le garde parler de bois *défensable*, de réserve de coupe, de chablis, de coupe de régénération, de mort-bois, en homme expert qui ne trouve pas tous les jours de compagnon pour l'écouter.

Bigle espérait en arrivant chez le maire que son

innocence allait être reconnue et qu'il serait mis aussitôt en liberté ; mais le maire était absent, et comme le garde forestier ne savait que faire de son prisonnier, il l'enferma momentanément dans la cuisine. Ce fut seulement trois heures après que le maire arriva pour procéder à l'interrogatoire du délinquant, accusé d'avoir pratiqué de nombreuses coupes irrégulières depuis une quinzaine de jours. Il fut facile à Bigle de prouver, grâce à son hôtesse, qu'il était arrivé seulement de la veille, qu'il avait été trouvé seul sur le théâtre du crime, sans instruments tranchants, qu'il était parti de l'auberge sans cognée ni serpe, et qu'il était sans relations dans le pays ; toutes raisons excellentes qui le firent renvoyer de la plainte.

IV

Encore des peintures symboliques. — Bigle revient avec quelques connaissances forestières.

Pendant que Bigle subissait ces mésaventures, ses amis se livraient à maints propos sur son compte, ainsi qu'il arrive entre gens qui se quittent rarement et sont obligés de vivre de leur propre fonds. Il y avait surtout un certain poète grec, du nom de Godard, qui ne pouvait lui pardonner ses attaques contre l'antiquité. Le poète Godard se rattachait aux *Amis de la Nature* par un enthousiasme effréné pour les nymphes des bois, les satyres, et par le culte qu'il portait au soleil. Il s'était facilement donné un vernis de science en introduisant divers mots grecs dans ses vers, ce qui ne contribuait pas peu à le rendre incompréhensible : quant aux idées, il s'en souciait médiocrement, et il affirmait que deux belles rimes remplissaient ses oreilles de mélodies ineffables. Lavertujeon et le philosophe Bougon étaient ses victimes ordinaires; Lavertujeon surtout, qui écoutait rarement la conversation, l'esprit sans cesse occupé à combiner de nouvelles associations d'objets inanimés.

Ce jour-là il avait esquissé un grand panneau représentant une corbeille dans laquelle étaient groupés des fleurs et des fruits. Un cahier de musique, tout grand ouvert, était appuyé devant la corbeille ; une grosse flûte traversière reposait près du cahier, et à côté de la flûte de beaux et jaunes raisins de Fontainebleau étalaient leurs grains dorés.

— Dis-moi ce que tu prétends représenter par un assemblage d'objets si divers? lui demanda le philosophe.

— Ne le vois-tu pas? Des fleurs, des fruits, une flûte, des raisins.

— Je ne nie pas ton habileté pour rendre ces objets ; je la reconnais, et je vois que tes raisins ne sont pas des citrouilles, de même que ta flûte ne ressemble pas à une guitare.

— Cela ne suffit-il pas ? s'écria Lavertujeon triomphant.

— Et l'idée?

— L'idée! dit le peintre un peu troublé. L'idée est que j'ai peint d'après nature des pêches, des

fleurs, des raisins et un cahier de musique qui est
du temps de Louis XIV.

— Et tes raisins, sont-ils aussi du 17e siècle ?
Cerveau paresseux, qui engendr.,~ une idée et qui
ne saurais l'énoncer !.. Creuse-toi, réfléchis et dis-
moi ton idée.

Lavertujeon sourit niaisement, ne sachant que
répondre.

— Tu es donc un manœuvre, s'écria le philosophe, puisque tu te bornes à copier matérielle-
ment des objets matériels sans que ton concept y
prenne part. Ne vois-tu pas qu'il y a sur ta toile
une association d'objets étrangers : fleurs et fruits
d'un côté, musique de l'autre ? Je te blâmerais si
tu avais seulement adossé ton vieux cahier de musique contre un vase de fleurs et de fruits ; car tu
mentirais à la réalité, à la sainte réalité que nous
adorons. Des fleurs et des fruits n'ont jamais servi
de pupitre à un musicien.

— Je l'ai toujours vu ainsi sur les dessus de
portes.

— Est-ce que ton art te commande de propager
l'erreur ? Si les peintres que tu as étudiés sont des
sots, dois-tu les imiter ? Mais ta flûte traversière,
qui repose sur le marbre avec des raisins à côté, te
sauve... Voilà l'idée !

—J'ai acheté cette vieille flûte, dit Lavertujeon,
sur le quai de la Ferraille : on me l'a bien vendue
trente sous.

— Je ne demande pas, s'écria le philosophe Bougon, au comble de l'exaspération, combien tu as payé la flûte ; je désire savoir quelle idée t'a mis le pinceau en main.

— Je voulais essayer, dit le peintre en tremblant, si je réussirais des fleurs et des fruits, et j'ai pensé qu'un cahier de musique ferait bien, à cause du ton verdâtre du vieux papier. Quand le cahier de musique a été groupé avec le vase, l'idée d'une flûte m'est venue... j'ai ajouté la flûte.... La table m'a encore paru vide, et ma foi, tout naturellement, j'ai peint quelques grappes de raisin.

— Est-ce tout ? demanda le philosophe.

— Les raisins m'ont donné beaucoup de mal ; je ne pouvais pas rendre leur transparence... Un moment j'ai pensé à les remplacer par un homard.

Le philosophe secoua ses longs cheveux.

— Un homard ! s'écria-t-il. Et il y a des gens qui enchaînent des idées sans s'en rendre compte ! voilà ce que je ne savais pas, continua Bougon. Je vais te définir ton tableau, puisque tu n'as pas conscience de ton œuvre. Le cahier de musique n'est pas là pour un aveugle, n'est-il pas vrai ? Tu as pensé, sans y penser, qu'il attendait un musicien, car enfin la flûte, posée sur le marbre de la table, appartient à quelqu'un, à un homme qui joue de la flûte, un grand artiste... Je dis grand artiste, parce qu'il aime la musique des vieux maîtres... C'est la partition d'*Armide* qui s'étale sur ton tableau... Quand ce musicien se sera bien fatigué à souffler dans sa flûte, que fera-t-il ? Il mangera les raisins qui sont

à côté... Voilà l'idée. Tu as voulu récompenser un
habile instrumentiste de la peine qu'il s'est donnée
à déchiffrer ces belles mélodies, et tu lui offres de
savoureux raisins de Fontainebleau.

— Oui, oui ! c'est cela, dit Laverlujeon avec
enthousiasme.

— Tu commences donc à saisir l'idée qui s'est
produite en toi à l'état latent.

— Je le savais, dit le peintre.

— Non, tu ne le savais pas.

— En voilà assez...

— Je te fâche parce que je te convaincs de ton
ignorance ; si telle était ton idée, pourquoi voulais-
tu mettre un homard à la place de tes raisins ?

— Le musicien l'aurait mangé.

— Un homard vivant ?

— Cuit, dit le peintre ; les homards rouges font
le meilleur effet dans la peinture.

Ce tableau, nécessairement, amena le soir la conversation sur l'idée dans l'art ; discussion orageuse
qui fit aligner de nombreuses canettes de bière
en face des orateurs, et accumula des fumées aussi
épaisses dans la salle que dans les cerveaux. Plus
il se brûlait de tabac, plus vives étaient les con-
tradictions. A force de secouer des idées, on en vint
à discuter la fantaisie qui avait poussé Bigle dans
la forêt.

— Je suis persuadé, dit le poète Godard, qu'il
aura trouvé la forêt enveloppée de brouillards. Ce
n'est pas pour lui que la nature réserve ses fa-

veurs : certainement le paysage se sera voilé à son approche.

Il y avait parmi les membres de l'association un jeune homme au teint verdâtre, au front dégarni de cheveux, à l'œil cligneteux. C'était un rat de bibliothèque, un fureteur de vieux papiers, un chercheur de notes, un commentateur de faits inutiles qui n'avait jamais connu que la poussière des bouquins. Il se disait aussi un fervent *Ami de la Nature*, et, en cette qualité, il tomba sur le dos de Bigle, en prétendant qu'à son approche les oiseaux devaient s'enfuir en sifflant, que le houx dardait ses feuilles aiguës sur son passage et s'accrochait à ses culottes. Il souhaitait que Bigle tombât dans un buisson d'orties et qu'il trouvât le soir des chemins humides couverts de crapauds.

Ces imprécations dirigées contre un homme sincère ne durent pas avoir peu de poids dans la balance du destin, et on a vu les funestes effets qui en résultèrent pour le malheureux Bigle. Malgré tout, il reparut trois jours après, avec assez d'aventures pour défrayer une longue soirée. Cette forêt de Grateloup, Bigle était heureux maintenant d'y avoir séjourné malgré les dangers qu'il y avait courus. Ainsi que le prince Charmant des Contes de Fées, qui traverse mille obstacles et les déjoue pour arriver à la conquête d'une princesse plus belle que le jour, Bigle, sorti des aventures, les trouvait piquantes à raconter. Les entreprises hérissées de difficultés, les grandes souffrances sont le fumier qui donne les plus belles fleurs ; les petits bonheurs, les petits plaisirs, les petites joies, les amourettes, la vie régulière n'élèvent pas l'imagination. Bigle avait traversé sa forêt enchantée et s'en montrait fier. De sa conversation avec le garde il retint quelques mots particuliers du dictionnaire forestier, et quand les poètes lui parlaient des *genêts tachetés d'or,* il répondait en dissertant sur les chênes *pédonculés.* Le grec Godard avait dans la tête certains détails pris dans les auteurs anciens ; il ne prononçait jamais le mot de *houx* sans ajouter *aux baies écarlates,* et Bigle lui demandait s'il savait combien on payait d'amende par cormier abattu.

— Un cormier de vingt centimètres de circonférence se paye 3 fr. 90 c. par décimètre, répondait victorieusement Bigle ; soit 120 fr. 90 c.

Bigle semblait avoir été marchand de bois toute sa vie, et il abusait de son séjour dans la forêt, prétendant que les *Amis de la Nature* devaient perdre leur nom s'ils ne se lançaient dans la connaissance intime des arbres.

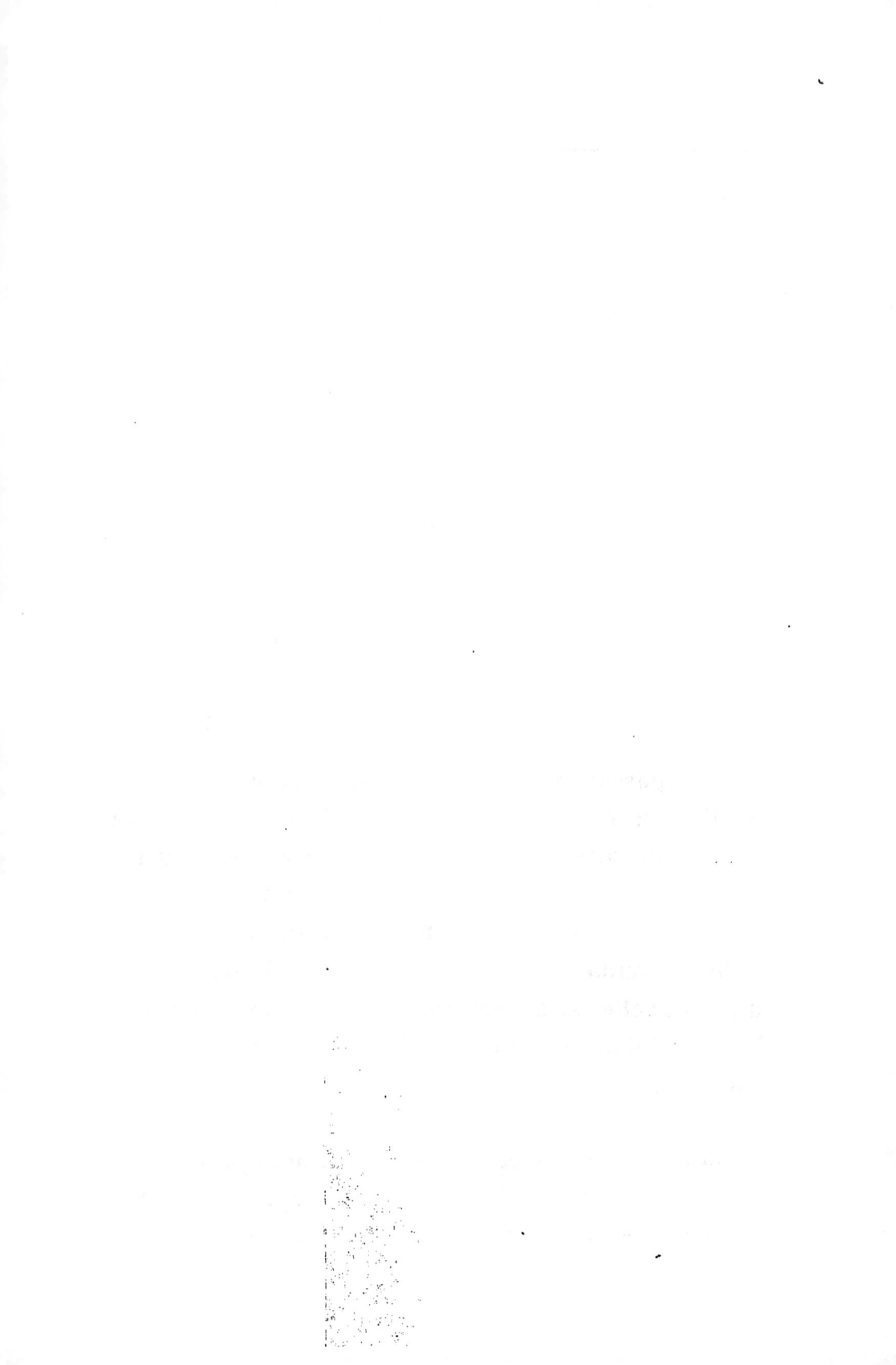

V

Singulière et déplorable physionomie que prit tout à coup un imposant rocher.

Bigle passait pour un railleur dangereux : en cette qualité, il fut accusé par ses amis d'avoir inventé le vieillard aux grandes lunettes, le garde forestier et toutes les aventures qui lui servaient depuis lors de thème de conversation ; mais un fait, rendu public, donna raison aux dires de Bigle. C'était une nouvelle si singulière que tous les journaux la reproduisirent à l'envi, et qu'il faut la citer textuellement :

« La forêt de Grateloup, une des plus considérables de France, est surtout remarquable par des blocs de grès qui se plient aux caprices les plus bizarres de la nature. Les touristes qui vont à

l'étranger chercher des merveilles s'exposeraient à
moins de fatigues et de dépense d'argent s'ils con-
naissaient cette belle et pittoresque forêt, qui n'a
pas moins de dix lieues de tour. Sites agréables,
ombrages touffus, points de vue admirables, chênes
deux fois centenaires, gorges profondes, Grateloup
réunit les paysages les plus variés ; mais au nombre
des merveilles de la forêt, il faut citer en première
ligne la *Roche-qui-pend,* devant laquelle il est rare
de ne pas rencontrer un artiste s'inspirant des
étranges accumulations de grès qui confondent
l'imagination par leurs arêtes étranges, leurs formes
singulièrement accentuées et la hardiesse avec laquelle ils semblent avoir été jetés en l'air par une
main de géant. Les cathédrales imposantes du
moyen âge et leurs hardis clochers ne peuvent donner qu'une faible idée de la *Roche-qui-pend,* qu'on
jurerait devoir écraser l'imprudent qui s'en approche, et qui a pourtant, depuis bien des siècles,
donné asile à de tendres discoureurs. Une voûte,
formée d'énormes rochers superposés, s'élève plus
haut que l'intérieur d'une pyramide d'Egypte : les
yeux ont peine à en distinguer les dernières
assises. Tel est l'intérieur, régulier dans sa sombre
sauvagerie ; au contraire, à peine a-t-on franchi la
voûte que le curieux s'aperçoit avec terreur que le
rocher, situé au sommet d'une montagne escarpée
et touffue, surplombe la vallée. On dirait d'un malheureux qui, pour mettre un terme à ses maux, va
se jeter dans un gouffre. Les plus intrépides pâlis-

sent ; on a vu des personnes qui n'osaient revenir
sur leurs pas et rentrer sous la voûte, préférant
faire un grand détour plutôt que de s'engager dans
un endroit qu'elles jugeaient périlleux. En effet,
toutes les lois de la physique sont violées : ce n'est
pas un rocher acculé contre des terres, ce sont d'é-
normes grès qu'on jurerait soulevés pas un trem-
blement de terre, c'est un rocher qui roule. Tel est
l'effet général produit sur tous ceux qui ont pu
admirer la *Roche-qui-pend* dans toute sa splendeur. Hélas ! aujourd'hui la *Roche-qui-pend* a perdu
une partie de son prestige vertigineux. Des mains
coupables ont attenté à son couronnement : d'énormes stalactites de pierre qui se détachaient de la
masse comme soufflées par les vents ont été bri-
sées, mutilées par une main mystérieuse. Un
homme corrompu a voulu corriger la nature : par
une hardiesse inconcevable, le rocher a été taillé
à diverses reprises, nuitamment, afin de pouvoir
représenter le profil si connu de Henri IV. Ce rocher, bizarre jadis, auquel la nature avait donné
seule un coup de ciseau, ressemble maintenant à
Henri IV lorsqu'il recommandait à ses soldats de se
rallier à son panache blanc, car une partie des efforts des coupables s'est tournée vers le panache
merveilleusement imité. N'avions-nous pas assez
de la statue du bon roi Henri sur le Pont-Neuf,
sans chercher à lui élever un monument dans une
forêt ? Qu'importe à l'aigle qui passe dans les airs,
aux merles qui sifflent, au lapin dans son terrier

au chevreuil qui fuit d'un pas agile, la représenta-
tion de Henri IV ? Ce n'est pas tout : le plateau par
lequel les curieux gravissaient le rocher était couvert de taillis le long des versants ; les amateurs de
points de vue n'y arrivaient qu'avec de certaines
difficultés qui doublaient le prix de la vue. Les
mêmes hommes qui ont mutilé le rocher ne se sont
pas arrêtés à cette profanation : des sentiers ont été
tracés lentement, peu à peu, avant que l'administration forestière ait pu se rendre compte des
ébranchements qu'on avait remarqués depuis longtemps, et qui donnèrent lieu à d'inutiles arresta-
tions. Les experts ont remarqué que tout avait
été calculé de longue main, qu'un plan adroit avait
été médité, à la faveur duquel les coupables procé-
daient mystérieusement sans donner l'éveil. De
certaines flèches bleues qu'on retrouve sur chaque
rocher luttent avec les flèches rouges de l'administration. Non-seulement il y a complot, mais encore
lutte et rebellion. Une sorte de pouvoir secret
semble avoir réglé les destinées de notre malheureuse forêt de Grateloup, à jamais déshonorée. Une
instruction a lieu à l'heure qu'il est ; tout fait espérer que les coupables ne resteront pas impunis. »

— Eh bien ! s'écria Bigle triomphant, me croirez-
vous maintenant ?

Les *Amis de la Nature* furent obligés d'avouer
que les récits de Bigle étaient exacts, et la curiosité
fut à son comble quand Bigle reçut une assignation
à comparaître devant un juge d'instruction du tri-

bunal de la Seine, chargé de l'interroger en vertu d'une commission rogatoire du procureur du roi du département voisin où était située la forêt de Grateloup. Bigle, qui craignait la justice, déploya une douzaine de cravates blanches, afin de montrer par la régularité des nœuds le respect qu'il ressentait en présence de la magistrature. On l'eût pris lui-même pour un juge d'instruction ; et quand il donna un dernier coup d'œil à la glace, il pensa qu'étant devant un magistrat il n'avait pas besoin d'aller au Palais de Justice, et qu'il pouvait s'interroger lui-même. Devant sa propre cravate blanche, il pâlit, balbutia, et s'il n'en avait brisé tout d'un coup la régularité en donnant un tour ironique à une des pointes, il comprit combien il se serait montré timide à l'instruction. — Mais le juge le mit à son aise, et l'interrogea particulièrement sur le personnage qu'il avait rencontré dans la forêt le jour de son arrestation. Bigle, porté au merveilleux dans certaines circonstances, donna un tel portrait du vieillard aux grandes lunettes, qu'il était certainement impossible de le retrouver en étudiant ce signalement; mais il parlait avec une si grande conviction que le juge n'osa d'abord mettre en doute cette étrange personnalité. Cependant, en consultant un dossier qui était sur son bureau, il ne put s'empêcher de se récrier et d'accuser la trop belle imagination du témoin.

— Je l'ai vu ainsi, monsieur, dit Bigle, et jusqu'à preuve du contraire...

— Il est arrêté, dit le juge.

—- Vraiment ! s'écria Bigle. Comment s'appelle-t-il? Que fait-il? Quel est son but? Avait-il une idée? Que prétendait-il? Est-ce un honnête homme? A-t-il le cerveau sain ? Quand sera-t-il jugé? Sera-t-il fortement condamné ?

— Psttt, fit le greffier.

Bigle avait été tellement harcelé de questions dans ce cabinet, que lui aussi se sentait devenir questionneur.

— Vous serez appelé à la police correctionnelle en qualité de témoin, lui dit le juge d'instruction, et vous apprendrez tout ce qui vous intéresse.

Bigle revint à la brasserie des *Amis de la Nature*, ivre de joie. Il allait donc jouer un rôle en public ; sa position de témoin lui troublait les idées, il se sentait plus fier qu'un conquérant, et la servante lui ayant offert une chope, comme d'habitude, il laissa tomber sur elle un regard de haut, qui montrait quelles destinées l'attendaient. Comme on en parlait, le soir, les poètes, jaloux du sort de leur ami, joignirent la critique à leurs conseils, en engageant Bigle à étudier quelques belles descriptions de maîtres pour se préparer à paraître devant le tribunal.

— Moi, dit Godard, je commencerais ainsi ma déposition : « C'était par une belle journée de printemps ; j'allais visiter la forêt de Grateloup, lorsque je fus violemment ému dès les premiers pas que je fis sous les arbres par l'impression pure et fraîche émanant du feuillage.... »

— Je crois, dit le philosophe, que la logique demande à ce qu'on tienne compte tout d'abord du chant des oiseaux... Bigle serait écouté plus favorablement s'il cherchait à donner au tribunal une idée du chant des pinsons, des merles, des bouvreuils...

— Non, dit le poète, c'est la vue qui est le premier de nos sens saisis...

— C'est l'ouïe, dit le philosophe... Qu'en penses-tu, Lavertujeon ?

— Le vert fait bien dans un tableau.

— Tu n'es pas compétent, dit le philosophe..... Un peintre ! A qui allais-je m'adresser?... Ils ne se connaissent point en oiseaux.

— Oh ! dit Lavertujeon, j'ai peint dernièrement un perroquet mort...

— Tais-toi; est-ce que tu t'es jamais inquiété du chant des rossignols, du bruissement des insectes, du vent qui passe à travers le feuillage, du murmure d'un clair ruisseau roulant sur des cailloux ? Oui, Bigle, si tu veux avoir l'oreille du tribunal, montre que ton sens auditif est exercé, et dépeins avec délicatesse les mille bruits dont je parle.

Le poète Godard ayant insisté sur la préférence qu'il accordait à l'aspect produit par la verdure :

— Tu n'es qu'un peintre, et tu te dis poète, reprit le philosophe ; tu ne penses qu'à décrire, toujours décrire... J'admets la vue, mais en seconde ligne. Les impressions produites par la nature sont telles que l'esprit en reste stupéfait : l'âme se sent prise dans cette triple occupation de l'oreille, de l'œil et de l'odorat, car je ne sais si l'odorat ne vient pas avant l'œil... Ce sont des senteurs particulières, telles que le corps en est délassé tout à coup, mieux que s'il avait été plongé dans le bain parfumé d'une petite maîtresse. Ainsi trois phénomènes s'emparent de tout notre être corporel, qui sont : chant, verdure, odeurs. Voilà ce qui fait que les peintres ne viennent qu'en seconde ligne : il leur est impossible de rendre autre chose que la nature extérieure ; leur art s'arrête à la forme et à la coloration.... Ecoute-moi donc, misérable Lavertujeon ! n'es-tu pas de mon avis, Bigle ?

— J'ai été vivement frappé, dit Bigle, par la vue de ce vieillard aux grandes lunettes.

— Ah ! malheureux, je te reconnais bien là : tu vas en pleine nature pour y être poursuivi par le souvenir des hommes. Il faut que tu aies la conscience chargée pour ne pouvoir vivre seul, en face de toi-même, au sein de la nature.

— J'avoue, dit Bigle, que la société des hommes ne m'est pas indifférente ; mais si les hommes te déplaisent tellement, je les remplacerai par des femmes.

— Que trouves-tu dans la tête des femmes ? Un pot de pommade, pas autre chose ! un peigne et à côté un petit miroir, voilà ce qui meuble leur cerveau !... Si j'étais Lavertujeon, je voudrais traiter ce sujet pour la prochaine exposition, et ma réputation serait faite.

— Mais le cerveau est divisé en deux, sévère Bougon, dit Bigle : je veux bien que ta pommade, ton peigne et ton miroir en remplissent la moitié, à condition que l'autre moitié renferme une foule de sentiments délicats et tendres que Lavertujeon ne saurait peindre. Tu m'accuses, Bougon, de ne fréquenter que des hommes; mais toi-même, t'a-t-on jamais surpris seul, au milieu des bois, en tête-à-tête avec le silence? Au contraire, je pense que tu ne saurais vivre sans discuter et surtout sans être écouté ; et je crains fort que les oiseaux des forêts ne prêtent pas grande attention à tes théories sur la décadence de l'humanité.

— J'ai un rôle à remplir sur la terre, dit le philosophe, et vous voyez que je le remplis tous les jours, car je cherche à redresser votre raisonnement chancelant. Demande plutôt à Lavertujeon?

Le peintre, qui se sentait dominé par le philosophe, fit un faible signe de tête d'acquiescement.

Ces discussions, toujours les mêmes, avaient lieu de sept heures à minuit, et si le gaz ne se fût éteint tout à coup, il est certain qu'elles n'avaient pas de raison de cesser ; mais bientôt le procès dans lequel les *Amis de la Nature* se trouvèrent mêlés, grâce au témoignage de leur camarade Bigle, vint apporter un nouvel aliment à la conversation. L'acte d'accusation, publié par les journaux, fit connaître le véritable coupable des délits forestiers commis dans la forêt de Grateloup, et cette affaire, aujourd'hui oubliée, eut pour conséquence de mêler activement les *Amis de la Nature* aux circonstances qui s'ensuivirent.

VI

La *Grotte des songes nocturnes* et ses fatales conséquences.

Dans les premiers jours qui suivirent l'achèvement du fameux sentier sablé, il arriva une aventure qui attacha M. Gorenflot davantage à la forêt.
Un soir, à minuit, la mercière, dont les fenêtres
donnaient sur la campagne, entendit un bruit de
pas précipités : des chiens aboyaient au loin et le tumulte augmentait à mesure qu'ils se rapprochaient.
Comme il faisait clair de lune, madame Gorenflot
put suivre du regard deux hommes s'avançant rapidement, quoiqu'ils parussent embarrassés d'un
certain fardeau dont il était impossible de deviner
la forme du second étage où la bourgeoise était en
observation. Ces deux hommes s'arrêtèrent tout à

5.

coup près du mur de la maison pour écouter les
bruits d'alentour; mais les aboiements des chiens
continuant à devenir plus vifs, ils soulevèrent leur
fardeau, et après un balancement énergique, l'en-
voyèrent par dessus le mur. Il tomba dans le jardin,
en laissant entendre un faible gémissement. Epouvantée, madame Gorenflot ferma sa fenêtre et se
fourra dans son lit en se cachant le nez sous les
couvertures. Quel crime venait d'être commis?
Quels étaient ces hommes qui semblaient se dé-
faire de leur victime? A quels dangers la mercière
n'était-elle pas exposée, ainsi que son mari, si
les environs n'offraient pas plus de sûreté? Elle eût
bien appelé son mari, mais la peur que le moindre
bruit n'attirât l'attention des malfaiteurs fit que
madame Gorenflot prit un coin du drap de lit dans
ses lèvres afin que sa respiration même ne la trahît
pas. Cependant le bruit continuait au dehors; les
aboiements se rapprochaient de plus en plus. Il
était facile de distinguer le manége des chiens
allant et venant autour des murs de la propriété,
en faisant le tour, et revenant tout à coup au
même endroit. Les chiens apportèrent quelque
calme dans l'esprit de la mercière, qui n'avait
jamais entendu dire que des malfaiteurs employas-
sent des animaux bruyants pour commettre leurs
forfaits. Le mystère, c'est le crime; le bruit, la ré-
pression. Si madame Gorenflot ne formula pas sa
réflexion si brièvement, elle eut concience de la
nouvelle situation des choses. Peu à peu l'aboiement

des chiens s'éloigna, et tout rentra dans le silence ; mais la mercière n'en dormit pas davantage. Son émotion avait été trop forte pour permettre au sommeil de reprendre ses droits. Aussi, à peine au jour levant, sortit-elle de l'état fiévreux et somnolent dans lequel elle était plongée, pour écouter le bruit qu'on faisait à la porte du jardin.

Des voix appelèrent M. Gorenflot à diverses reprises, et bientôt, au remuement qui se fit dans la chambre voisine, elle s'aperçut que son mari se levait. La mercière passa une robe de chambre et entra chez M. Gorenflot.

— As-tu entendu, cette nuit, ce qui s'est passé ?

— J'ai dormi d'un somme...

— On est venu certainement pour nous piller... Cette maison n'est pas sûre.

— Tu es folle ; laisse-moi aller ouvrir la porte...

— Tu n'iras pas ; il est encore trop matin.

— Laisse-moi, dit M. Gorenflot, qui voyait que sa femme s'était mise devant la porte pour l'empêcher de sortir.

— Ce n'est pas à quatre heures du matin qu'on vient réveiller les honnêtes gens. Ce sont encore des malfaiteurs.

— Je les connais, dit le mercier imprudemment : ce sont les ouvriers.

— Quels ouvriers ?

— Tu sais bien...

— Je ne connais d'ouvriers que le jardinier et son garçon.

— Précisément, dit M. Gorenflot qui se rattacha à cette idée ; je leur ai commandé de venir de très-grand matin.

— Pourquoi faire ?

M. Gorenflot se gratta l'oreille.

— Pour des terrassements, dit-il.

— Des terrassements dans le jardin ! tu badines ! Il a été convenu qu'on ne terrasserait pas sans mon ordre.

— C'est entendu, dit le mercier, je vais leur dire de s'en aller.

— Et tu feras bien.

Mais l'embarras du mercier était tel qu'il eût été remarqué des esprits les plus candides. Mme Gorenflot alla se mettre en embuscade dans la chambre du premier étage, derrière les rideaux ; de là elle put voir son mari causer avec des paysans en blouses déchirées, à la barbe inculte, qu'elle avait déjà remarqués dans le voisinage : ces farouches mines n'avaient rien de commun avec le jardinier et son ouvrier. — Gorenflot me trompe, se dit la mercière, indignée et épouvantée à la fois des mensonges de son mari et des rapports qu'il entretenait avec ces hommes. — Il se passait alors dans le jardin une longue conversation entre le bourgeois et les paysans, conversation animée, à en juger par leurs gestes accentués. Les paysans s'échauffaient, le bruit de leurs voix parvenait jusqu'au premier étage, mais le sens en était caché pour la mercière, qui ne s'expliquait pas l'air embarrassé de son mari, ses regards abaissés, l'inquiétude répandue sur tous ses traits. Comment madame Gorenflot aurait-elle pu deviner la série de perturbations causées par le sentier sablonné de la forêt ? Pour terminer ce sentier, le bourgeois, en employant des ouvriers, s'était mis à leur merci. Comme des terrassiers honnêtes gens eussent craint l'administration forestière et ses rigueurs, M. Gorenflot s'était servi des premiers venus, espèce de grapilleurs de bois, toujours en lutte avec les gardes et les gendarmes, qui n'avaient consenti à prêter leurs bras à l'*Amant de la forêt* qu'avec la pensée qu'ils se ménageaient un complice pour les grandes occasions.

Cette même nuit ils avaient pris un chevreuil et cherchaient à l'emporter, lorsqu'ils furent poursuivis par un garde qui lança ses chiens après eux ; mais leur plan était tiré d'avance. La maison du mercier, située à moitié chemin du lieu de leur rapine, leur avait semblé excellente pour un recel, et ils jetèrent par-dessus le mur le chevreuil à moitié mort dont les gémissements avaient peut-être déterminé quelques mèches blanches sur la tête de la mercière. Le matin, les maraudeurs vinrent bravement se présenter chez M. Gorenflot, réclamant leur prise de la nuit. Le mari fut presque aussi effrayé que sa femme. Il se voyait changé en complice de gibiers de prison, lui l'honnête mercier du Gland-d'Or, cette maison si respectable de la rue Saint-Denis, qui florissait depuis deux cents ans et avait fait la fortune successive de sept à huit de ses tenants. Mais que dire ? Le coup était fait, l'animal mort ; les coupables audacieux qui s'étaient prêtés à son utopie forestière en perçant une route à travers un taillis, réclamaient un service analogue. M. Gorenflot ne croyait pas avoir besoin de ces hommes dans l'avenir, mais il avait peur d'eux. Quand le mercier fit quelques objections, les braconniers parlèrent en maîtres, leurs yeux s'allumèrent, ils froncèrent le sourcil, et M. Gorenflot se dit que de tels drôles pouvaient bien, le cas échéant, tirer sur un garde forestier comme sur un chevreuil, et sur un mercier sans plus de scrupule que sur un garde.

— Emportez ce chevreuil et prenez garde qu'on ne vous voie, dit-il aux braconniers. Ce qu'ils firent avec promptitude, profitant du petit jour, heure à laquelle ils espéraient ne pas être rencontrés. Quand les maraudeurs furent partis, M. Gorenflot se lança dans toutes sortes de raisonnements sophistiques afin de n'avoir pas la conscience chargée de ce chevreuil. Le mercier sentait le besoin de s'ancrer dans l'idée qui décida de son avenir. Sans le savoir il fit du *Jean-Jacques*, et se demanda pourquoi les animaux des forêts n'appartiendraient pas aux plus adroits. En vertu de quel titre des messieurs habillés de vert faisaient-ils exécuter à la lettre un certain code d'après lequel les princes et les rois seuls pouvaient jouir du droit de chasse dans la forêt ? Les animaux n'en étaient-ils pas moins mangés ?

Ah ! si la loi avait prescrit un absolu respect pour les animaux des forêts, M. Gorenflot se fût montré partisan de la loi ; il eût désiré que les oiseaux, les faisans, les biches, les chevreuils pussent animer les bois de leurs ébats sans craindre l'approche de l'homme ; mais du moment où ils pouvaient tout d'un coup être servis sur une table royale, M. Gorenflot justifia le braconnage des pauvres, qui, eux aussi, ne devaient pas être privés de chevreuils ni d'oiseaux succulents.

Un paradoxe en amène un autre : si les animaux de la forêt n'appartenaient à personne, la forêt se trouvait dans les mêmes conditions. Pourquoi Grateloup était-il classé dans les apanages de la Couronne ? Peu versé dans les questions historiques, M. Gorenflot fut obligé de s'avouer qu'il n'en savait rien. Ainsi que beaucoup de gens fiers de leur ignorance, qui tranchent impertinemment dans toutes les questions, le mercier décida que la Couronne avait tort de regarder Grateloup comme une forêt royale. C'était une forêt naturelle appartenant au premier venu, à un mercier qui voudrait bien s'occuper d'elle. Grateloup fut décrété intérieurement forêt de Gorenflot. En raisonnant de la sorte, le mercier se fût approprié le globe tout entier, lorsque la voix perçante de sa femme, qui l'appelait, le ramena à la triste réalité.

— As-tu bientôt fini de faire le moulin, lui demanda-t-elle.

— Le moulin ! s'écria M. Gorenflot, étonné.

— Monsieur fait aller ses bras en haut, en bas, en avant, en arrière ; les moulins à vent n'en font pas d'autres.

— Je ne savais pas.

— Il faut que quelque chose t'embarrasse... Je te connais... Quand tu faisais le moulin à la maison, la demoiselle de comptoir me disait : Monsieur fait le moulin, ça ira mal. Tu as une mauvaise action à te reprocher.

— Ma bonne amie, je t'assure...

— As-tu donné tes ordres au jardinier ?

— Il fera comme il est convenu.

— Tu lui as bien recommandé de n'obéir qu'à moi ?

— Oui, oui.

— Hypocrite et menteur ! s'écria la mercière exaspérée... Tu n'as rien recommandé au jardinier !

— C'est vrai.

— Tais-toi ; le jardinier n'est pas venu.

— Non, il n'est pas venu.

— Ne parle pas davantage, faux que tu es, tu me fais honte... Qu'étaient ces hommes à barbe noire, qui ne valent pas mieux que toi ?

— Des terrassiers...

— De potence, ajouta la mercière, qui ne savait pas parler si juste... Quels rapports peux-tu avoir avec la potence ?

— Aucuns, ma bonne, dit M. Gorenflot qui frémit

intérieurement, car sa femme avait mis le doigt sur la plaie.

— Espères-tu que je vais recevoir dans ma maison ces garnements?

— Ils ne reviendront pas.

— Maintenant qu'ils connaissent le chemin, crois-tu qu'ils ne s'introduiront pas ici la nuit? Car ce sont eux, j'en suis sûre, qui ont fait le tapage de cette nuit.

— Non, ce sont des terrassiers.

— Et qu'est-ce que c'est que ce butin qu'ils ont emporté en le couvrant d'une toile?

— Leurs outils.

— Tu mens, j'ai vu comme la forme d'un corps... Je sais qu'on a jeté quelqu'un cette nuit par-dessus le mur, j'ai entendu les gémissements; on ne me trompe pas facilement.

— Je ne veux pas te tromper.

— Dis que tu ne peux pas... Ah! j'en aurais su davantage, si je n'avais craint qu'ils ne partissent pendant que je descendais l'escalier.

— Eh bien, je vais te dire tout.

— Je t'écoute; ne baisse pas la tête, regarde-moi en face.

— Ma bonne amie, tu sais que j'ai toujours du plaisir à te voir.

— Pas de compliments; je lis au fond de tes yeux.

Alors M. Gorenflot dit une partie de la vérité : à savoir que des paysans ayant jeté, la nuit, un che-

vreuil par-dessus le mur du jardin, étaient venus
le réclamer le matin ; mais il n'ajouta pas que les
braconniers étaient ses complices pour d'autres délits forestiers, ce qui fit qu'il s'en tira plus facilement qu'il ne l'aurait cru d'abord. La mercière
était une honnête femme, incapable de soupçonner
le mal, et il avait fallu les événements de la nuit
pour lui ouvrir les yeux. Sorti de cette impasse,
M. Gorenflot, triomphant, alla, immédiatement
après le déjeuner, faire un tour dans la forêt qui
lui apparaissait sur un nouveau jour. Qu'on veuille
bien supposer un instant un de ces galants oisifs
dont la principale occupation est de suivre toutes
les femmes sur les trottoirs et de leur adresser mille
compliments spirituels. Il a affaire à une femme
qu'il croit distinguée : il se montre plein de respect
d'abord, jusqu'à ce qu'un mot échappé à la dame
lui apprenne qu'il n'a affaire qu'à une demi-vertu ;
alors le ton change, le galant devient plus pressant,
le respect est envolé. M. Gorenflot se trouva dans
une situation analogue vis-à-vis de la forêt de Grateloup, tant qu'il la considéra comme forêt royale ;
mais quand son raisonnement philosophique la lui
montra comme une forêt appartenant à tout le
monde, il redressa la tête sous les ombrages et se
regarda comme un conquérant. Les gardes forestiers, les gendarmes n'étaient plus désormais que
des agents salariés d'une administration qui outre-
passait ses droits ; lutter avec eux était le plus
saint des devoirs. Ce jour-là, M. Gorenflot s'égara

et ne put retrouver son chemin, malgré les poteaux
indicateurs des routes. Il entra alors dans une
vive indignation contre l'administration forestière
de ce qu'elle faisait si mal son devoir, et intérieurement il décréta que, ne remplissant pas ses
fonctions, elle était supprimée. Tous les employés
y passèrent, depuis les plus hauts grades jusqu'aux
derniers. M. Gorenflot supprima ces emplois comme
occupés par des fainéants qui ne cherchaient même
pas à indiquer la route aux voyageurs égarés.
Quelques voix s'élevèrent en faveur des forestiers
dont l'avenir venait d'être brisé tout à coup sans
espoir, car l'inflexible Gorenflot ne donnait même
pas de pension de retraite aux malheureux des-
titués. Des femmes venaient demander la grâce de
leurs maris, des enfants joignaient les mains pour
leurs pères. — Non ! s'écriait le mercier, irrité de
la quantité de lieues qu'il faisait depuis le matin
sans rencontrer âme qui vive. Où sont les forestiers ? Que font-ils ? En ai-je vu un seul pour me remettre dans mon chemin ? M'ont-ils surveillé pendant que je traçais cette route ? Empêchent-ils
d'enlever frauduleusement le gibier ? Ils doivent
être attablés dans quelque cabaret, oubliant leur
mandat !... Je n'aime pas les ivrognes !

Ce fut par cette série de raisonnements que
M. Gorenflot mit à pied toute l'administration forestière et en fit table rase. Il se trouva maître de la
forêt, mais il aurait voulu être maître d'en sortir.
Grâce à son embarras, il la parcourut en tous sens,

et put juger de la beauté et de la variété de sa conquête. Grateloup est une des forêts les plus curieusement accidentées de France. Des gorges profondes, sauvages, des oasis de verdure, de sombres plantations, des ruisseaux paisibles, de vastes horizons découverts des hauteurs, des arbres d'essences diverses en font un endroit aussi pittoresque que les sites les plus vantés de la Suisse. Tous ces détails se gravèrent forcément dans le cerveau de M. Gorenflot pendant qu'il étudiait les endroits où il passait pour essayer de reconnaître sa route ; mais les merveilles succédaient aux merveilles, et le fameux petit chemin sablé ne se retrouvait pas. La nuit arrivait discrètement, et M. Gorenflot commençait à regretter d'avoir tenté son entreprise, car ses jambes enflées lui refusaient leur service. Sur son chemin il trouva un rocher qui formait une sorte de grotte dont le sol était couvert de sable fin. Il s'y laissa tomber et fut très-inquiet de s'y retrouver au milieu de la nuit, grelottant et entendant dans les arbres les sifflements du vent. — Tout dormait dans la nature, et ce profond silence inquiétait encore plus M. Gorenflot, qui, pour changer le cours de ses idées, évoqua le souvenir de sa femme. — Comment serait-il reçu à son retour, s'il devait revenir ? car le mercier se jugea en péril : toutes sortes d'animaux fantastiques lui revinrent en mémoire. Il n'avait pas été sans visiter, le dimanche, le Muséum d'histoire naturelle, au Jardin des Plantes, et son imagination effrayée lui représentait les hyènes, les tigres, tous les carnassiers, s'avançant à pas lents dans l'ombre et le mystère, pour ne faire qu'une bouchée de lui, l'*Amant de la forêt*.

Mais ces épouvantes ne faisaient que rattacher de plus en plus le mercier à la forêt : s'il y avait trouvé des chemins droits, des allées de jardin, des plantations régulières, le charme ne se serait pas emparé de lui. N'en est-il pas de même de l'amant qui passe des nuits sans sommeil, maudissant une ingrate ? La forêt, pour s'être montrée un peu sauvage à la première rencontre, fut estimée à juste titre par M. Gorenflot, et cette nuit passée dans la grotte resta dans son souvenir comme un des événements les plus émouvants de sa vie. Vers trois heures du matin, un singulier concert commença, qui fit penser au mercier qu'il n'était pas éloigné d'un étang. C'étaient des coassements solennels qui le remplissaient de terreur ; de temps à autre s'y mêlaient des battements d'ailes, si bruyants qu'il était à supposer que des oiseaux nocturnes énormes prenaient leurs ébats. Enfin, le petit jour vint ; M. Gorenflot se remit en marche immédiatement, et ce fut avec la plus vive surprise qu'il se trouva auprès de la mare à laquelle menait le fameux sentier sablé. La nuit seule avait empêché le mercier de reconnaître là mare, et comme jusqu'alors ses investigations n'avaient pas été poussées plus loin, la grotte lui avait échappé ; mais cette nuit profita

à la grotte, car elle y gagna un parrain qui lui
donna un nom distingué. Ce fut dès lors la *Grotte
des songes nocturnes*. M. Gorenflot le voulut ainsi ;
seulement, ayant trouvé l'ouverture trop claire, à
cause de deux rochers qui, en se disjoignant, lais-
saient passer la lumière du ciel, il convoqua pour
la semaine suivante ses ouvriers ordinaires, afin
d'accommoder la physionomie de cette grotte au
nom qu'il venait de lui donner.

Ce que devait lui coûter ce titre de *Grotte des
songes nocturnes*, M. Gorenflot ne le sut que plus
tard. Il n'y avait pas, dans les environs, de pierres
pour boucher l'interstice des deux rochers et empêcher le jour de pénétrer ; il fallut envoyer les ouvriers à un quart de lieue de là, près d'un groupe
de grès, faire jouer la mine, renverser des masses
énormes, fuir après l'explosion, qui fut considérable,
attendre que les gardes forestiers rentrassent dans
leur quiétude, charrier nuitamment ces fragments
de roches, les tailler pour les joindre exactement
aux fissures de la grotte, recouvrir le tout de terre
fraîche, de gazons coupés dans d'autres endroits, et
faire de cette amélioration une œuvre naturelle. Si
la bourse de M. Gorenflot en souffrit, son orgueil
fut flatté délicieusement. Désormais la *Grotte des
songes nocturnes* répondait pleinement à son nom,
et quand de petits sapins lugubres, déterrés avec
précaution dans une sapinière voisine, eurent été
plantés en manière de plumets sur la toque de
gazon de cette grotte, elle offrit un aspect assez

mélancolique pour que Young lui-même désirât y
passer ses nuits.

Cependant le jeu de la mine avait causé trop de
ravages pour que l'administration n'en tînt compte.
Les gardes remarquèrent des traces de poudre en
beaucoup d'endroits; et de nombreux rapports furent déposés dans les bureaux des eaux et forêts,
sans que les plus experts en matière de délits
pussent s'expliquer l'intention qui avait présidé à
cette mine.

M. Gorenflot rencontré dans la forêt eût dérouté
les soupçons par son apparence candide : pourtant, sous sa redingote de forme pacifique se ca-
chait un certain pot rempli de couleur bleue, au
moyen duquel il déposait sa signature sur les
rochers. Ces flèches bleu-perruquier, qui avaient
tant tracassé Bigle, étaient des jalons pour empêcher le mercier de s'égarer, et en même temps
une prise de possession. De même que les biblio-
thèques publiques timbrent chacun de leurs volumes avec une marque spéciale que les agents
chimiques ne peuvent enlever, M. Gorenflot mar-
quait les rochers à son chiffre, et il eût trouvé
audacieux qui eût osé les lui disputer. Les gardes
remarquèrent ces flèches et en firent l'objet d'un
rapport : à quoi il leur fut répondu de surveiller at-
tentivement le peintre anonyme qui se permettait de tels emblèmes. Mais le mercier triompha
de l'administration par un moyen fort simple. La
surveillance s'exerçait sur les lieux mêmes où les

rochers avaient été déshonorés, tandis que M. Gorenflot, plein d'activité, ne s'arrêtait pas où il passait, et explorait, au contraire, les côtés nouveaux
de la forêt, tout en continuant à percer de ses
flèches le cœur des rochers.

Ce fut à cette époque que M. Gorenflot se trouva
en présence d'un rival audacieux et jaloux, plus
redoutable à lui seul que tous les agents de l'administration forestière. L'illustre peintre Pickersgill,
dont la réputation en France n'est pas égale à celle
qu'il a en Angleterre, le même dont le fromage de
Chester triompha du fromage de Laveriujeon, était
venu passer quelques semaines dans la forêt pour y
suivre de grandes chasses à courre qu'y donnait la
vénerie royale. Il est peu de flâneurs qui n'aient
remarqué, aux carreaux des éditeurs de gravures,
des estampes soigneusement gravées et coloriées,
où des chasseurs en habits rouges, suivis de
meutes aboyantes, poursuivent le cerf dans des
paysages d'automne. C'est à M. Pickersgill qu'on
doit ces tableaux dont le succès est grand en Angleterre, car il n'est si petit propriétaire terrien qui
ne tienne à honneur d'avoir un Pickersgill dans sa
salle à manger.

Ce peintre fut un des premiers qui remarquèrent
les flèches bleu-perruquier. Les dents croisées sur le
devant et dépassant les lèvres, la figure allongée et
dédaigneuse, M. Pickersgill était froid, railleur, et
d'une nature rousse qui le portait à taquiner mé-
chamment les gens. En sa qualité de peintre, il fut

particulièrement choqué de ces flèches, et quand il eut la persuasion qu'elles étaient lancées par M. Gorenflot, dont il étudia prudemment la manière d'agir, le combat commença, un combat à coups de flèches. Ce fut lui qui entreprit de dérouter le mercier en ajoutant un fer, ainsi que Bigle en avait été témoin. Dès lors M. Gorenflot fut suivi pas à pas par l'Anglais acharné, sans que le mercier pût deviner quel était le jaloux qui agissait ainsi et par quel motif il était conduit.

Persévérant dans son idée, M. Pickersgill passa trois mois dans la forêt de Grateloup au lieu de quinze jours, et il ne put trouver le temps d'y faire un bout de croquis. Il avait étudié la manière de procéder de son adversaire, sa demeure, ses habitudes ; tous les matins, levé avant l'aurore, il se postait dans les environs de la maison du mercier, et l'attendait, sans que celui-ci pût s'expliquer l'insistance de son mystérieux adversaire.

Cependant d'autres projets roulaient dans la tête de M. Gorenflot, que désormais rien ne pouvait arrêter. Il trouva que plusieurs points de vue étaient masqués par des fourrés trop épais, et il fit abattre ces fourrés, détourna un ruisseau de son cours pour lui faire arroser une certaine oasis qu'il avait découverte, et poussa l'audace jusqu'à se faire bâtir une sorte de cabane champêtre sur un des rochers les plus élevés, afin d'y trouver un abri en cas de pluie. L'administration était sur les dents, car ces travaux étaient exécutés nuitamment par des braconniers habitués à agir comme des taupes, et divers employés furent cassés pour n'avoir pas découvert les ravageurs qui s'étaient emparés de la forêt. Si quelqu'un s'imaginait que ce récit est une fiction, le notaire Chevreau, qui demeure rue Neuve-des-Petits-Champs, 54, pourrait en certifier la réalité. L'argent qui passa dans ces entreprises fut considérable : en moins d'un an, près de 20,000 francs avaient été déplacés par M. Gorenflot à l'insu de sa femme, et il fallut une maladresse de la part du mercier pour que ces coûteuses fantaisies fussent connues.

Ayant besoin d'un plus grand nombre d'hommes pour frayer un passage à travers des rochers, l'opération fut jugée si dangereuse par les braconniers eux-mêmes qu'ils refusèrent de la tenter. La mine ne suffisait pas ; il fallait tailler en plein roc, et l'ébranlement causé par ce travail pouvait amener la chute de pierres énormes sur la tête des ouvriers. Ils refusèrent absolument leur concours aux projets du bourgeois dont les imaginations pouvaient leur coûter la vie, et ce ne fut qu'au prix d'une somme de 5,000 francs longuement débattue que les deux parties s'entendirent ; mais M. Gorenflot, qui venait de pratiquer une forte saignée à son dépôt chez le notaire Chevreau, n'osa plus y retourner dans la même intention, de crainte que sa femme n'en fût prévenue. Heureusement les merciers qui lui avaient succédé au *Gland-d'Or* avaient un remboursement à lui faire dans trois mois ; M. Gorenflot n'hésita

pas à les prier de lui avancer une somme de 5,000 fr.
et l'affaire fut conclue.

Les braconniers touchèrent la somme convenue et
se mirent en mesure de creuser un passage dans ces
rochers où des vipères seules pouvaient se glisser.
En effet, il s'en trouva trois, que M. Gorenflot emporta triomphalement dans son cabinet et qu'il sus-
pendit aux lambris comme des objets d'art merveilleux. La mercière se gendarma contre ces ser-
pents, prétendant que leur vue seule lui coupait l'ap-
pétit; mais son mari ne céda pas, soutint qu'il pur-
geait la forêt d'hôtes malfaisants et que les popula-
tions lui sauraient un jour gré de la destruction de
ces reptiles dangereux. Madame Gorenflot était loin
de se douter que ces vipères revenaient à un peu
plus de 1,500 fr. par tête. Elle crut que la manie
d'embellir la forêt était remplacée par la chasse aux
vipères, et comme son mari la laissait maintenant
libre de diriger la maison, elle n'insista pas davantage pour l'enlèvement des reptiles.

Tous les mois, Madame Gorenflot avait l'habitude d'aller faire un tour à Paris, et son mari en
profitait pour donner à boire dans sa maison aux
ouvriers qu'il employait. L'ex-mercière consacrait
son petit voyage à rendre visite à ses amis et connaissances d'autrefois. Elle allait prendre l'air de la
rue Saint-Denis, donnait un coup d'œil attendri à
son ancien magasin, et causait volontiers commerce
avec ses successeurs.

— Puisque vous êtes venue, madame Gorenflot,

lui dit le nouveau propriétaire du *Gland-d'Or*, je
vais vous demander quittance du remboursement
que nous avons à vous faire.

— Volontiers, dit madame Gorenflot.

On passe à la caisse, on y prend un billet de
',000 francs qu'on offre à l'ex-mercière.

— Pardon, dit-elle, c'est 6,000 francs, si je ne
me trompe.

— Oui, madame Gorenflot, mais nous avons
avancé, il y a six semaines, 5,000 francs à votre
mari.

— Il ne me l'a pas dit.

— Voilà son reçu.

— Merci. Je m'en vais, s'écrie madame Gorenflot
qui se sauve, émue de cette avance extraordinaire
dont elle n'avait pas été prévenue. Elle voudrait
déjà être arrivée, afin d'obtenir une explication ;
elle se doute d'un mystère affreux, de dissipations
étranges ; ces 5,000 francs la talonnaient. Le chemin de fer ne va pas assez vite ; la bourgeoise
gourmande les employés de ce qu'on arrête si longtemps aux stations, elle monterait volontiers en
ballon. Enfin elle arrive, descend précipitamment
du wagon, où elle oublie son ombrelle, et enfile le
chemin qui conduit à sa maison des champs.

Au moment où elle va sonner, elle entend des
bruits de voix inconnues, des cris, des rires, de
gros propos qui partent du jardin. Elle écoute un
moment, et juge plus prudent de passer par une

porte de derrière qui s'ouvre par un simple loquet et dont le verrou n'est tiré que le soir.

Quel spectacle se présente à ses yeux irrités ! M. Gorenflot est attablé avec des gens de mauvaise mine, leurs femmes, leurs enfants. Une longue table couverte de brocs de vin a été dressée dans le jardin.

— C'est moi ! dit-elle en frappant sur l'épaule de son mari, qui blêmit, se trouble et se croit changé en statue de sel. — Suis-moi, lui dit-elle, et vous autres (s'adressant aux maraudeurs), sortez de suite !

Les bûcherons avaient un coup de vin dans la tête et ne se disposaient pas à obéir ; peut-être, si M. Gorenflot les en eût priés, se fussent-ils retirés, mais le mercier n'avait plus conscience de sa personnalité. Il était tombé dans une sorte de stupeur, ne voyait plus, n'entendait plus, n'habitait plus la terre.

— Viendras-tu ! lui dit sa femme en le secouant et en le prenant par la main. — Pour vous, je vous ferai obéir tout à l'heure.

Il est à croire que son accent avait pris un caractère énergique, car les maraudeurs disparurent prudemment, craignant peut-être de perdre à l'avenir les bénéfices considérables offerts par le mari.

Quand les époux furent entrés dans la maison, madame Gorenflot, émue par la colère, resta quelque temps sans parler ; l'*Amant de la forêt* attendait avec anxiété l'explosion, qu'il ne savait comment parer. Le délit était constant : il avait été pris sur le fait, et un renard, la patte dans un piége, ne couve pas de plus mélancoliques réflexions.

— Qu'as-tu fait des 5,000 francs ?

Tel fut l'engagement du combat.

— Quels 5,000 francs ? demande naïvement M. Gorenflot, qui n'avait pas prévu ce coup.

— Les 5,000 francs que tu es allé toucher par anticipation chez notre successeur.

— Ah ! oui, je me rappelle maintenant.

— Tu vas me les remettre à l'instant.

— Plait-il ?

— Je veux voir ces 5,000 francs.

— Je ne les ai pas, ma bonne...

— Où sont-ils ?

— A Paris, sans doute.

— Pourquoi faire, à Paris ?

— Nous n'en avions pas besoin ici ; il serait imprudent de garder une somme aussi considérable à la campagne.

— Surtout avec la société que tu fréquentes pendant mon absence.

— Ce sont de braves bûcherons des environs que j'ai rencontrés...

— Nous en parlerons plus tard ; mais tu voudras bien me dire d'abord où tu as déposé cet argent.

— Ne te l'ai-je pas dit ? à Paris.

— Paris est bien grand ; je ne peux pas deviner dans quel endroit tu as placé les 5,000 francs.

— Chez le notaire, ma bonne; chez M. Chevreau, notre notaire.

— Je connais parfaitement M. Chevreau; mais je ne comprends pas dans quel but tu as été demander de l'argent par anticipation.

— Pour le placer chez le notaire, je te le répète.

— Il y a quelque chose là-dessous.

— Quoi de plus naturel, ma bonne? Si j'obtiens mon remboursement six semaines avant l'époque, je touche un intérêt de 6 0/0 en plus pendant ces six semaines.

— Je ne te savais pas si bon calculateur.

— C'est l'occasion, dit le mercier; je me trouvais à Paris, chez notre successeur. L'idée m'en est venue subitement : c'était encore une économie, car cela m'évitait de faire le voyage une seconde fois pour donner ma signature.

— La campagne te rend donc avare?... De fameux frais de voyage d'ici à Paris ! Et puisque tu deviens intéressé, pourquoi donnes-tu à boire à tous ces vagabonds pendant que je n'y suis pas?...

— Me promets-tu le secret?

— A qui veux-tu que je me confie?

— J'ai l'intention, dit M. Gorenflot en pesant sur les mots et en parlant à voix basse, de me mettre sur les rangs pour entrer au conseil municipal de Grateloup. J'espère que tu n'y vois pas de mal... Ces bûcherons ont une grande influence...

— Vraiment ! dit la mercière ; je ne m'étonne plus de ton amour pour la solitude : tu penses maintenant à un tas de choses qui ne t'étaient jamais venues en tête... L'avarice ! l'ambition !... Tu me surprends.

— Voilà pourquoi j'étais inquiet de te voir traiter si rudement ces braves gens qui m'ont offert leurs voix.

— Eh bien, va leur offrir une bouteille de plus, dit la mercière que ces idées ambitieuses flattèrent et qui ne craignit pas de s'entendre appeler par la suite madame la conseillère municipale.

M. Gorenflot, heureux d'échapper à cet interrogatoire dangereux, courut après ses hommes, mais il ne les trouva plus, et il alla sous les grands arbres de la forêt essayer de mettre sa conscience en repos, car l'énorme quantité de mensonges qu'il avait débités à sa femme pour se tirer d'affaire lui pesait lourdement. — C'est donc à toi, semblait-il dire à la forêt, que je sacrifie mon repos, la tranquillité de mon intérieur, ma fortune et les honneurs ! Car, dupe lui-même de ses propres mensonges, il réfléchit que réellement il eût pu entrer au conseil municipal ; mais combien il préférait la jouissance de la forêt à de vains honneurs ! Un jour, qui n'était peut-être pas très-éloigné, chacun reconnaîtrait les services qu'il avait rendus aux amateurs de beaux sites, et son nom serait certainement plus haut placé que celui d'un simple conseiller municipal. Malheureusement cette idée d'honneurs s'empara tellement de l'esprit de madame Gorenflot, qu'elle en pesa les chances, et elle se dit que ces bûcherons qui buvaient son vin pendant son absence devaient avoir une médiocre influence. La mine un peu sauvage de ces manouvriers ne la disposait pas en leur faveur. Sont-ce bien des bûcherons? se demanda-t-elle, frappée de la ressemblance des figures de deux d'entre eux avec celles des braconniers qui étaient venus quelques mois auparavant chercher le chevreuil dans le jardin. Si ce sont des braconniers, pensait-elle, ils sont mal vus dans le pays et n'ont aucune influence : ou mon mari est trompé par eux, ou il me trompe. Une fois engagée dans les chemins épineux du doute, où les croyances ne peuvent passer sans se déchirer aux buissons, la mercière reprit petit à petit les divers récits de son mari, et fut vivement choquée du dépôt des 5,000 francs fait par anticipation chez le notaire Chevreau. Cette économie, cette ambition auxquelles elle avait ajouté foi dans le premier moment, lui parurent des passions bien subitement écloses. Peut-être madame Gorenflot fût-elle rentrée dans sa confiance en son mari si, dans la nuit qui suivit, elle n'eût été réveillée par un bruit qui partait de la chambre voisine. Il s'en échappait une sorte de conversation singulière, mélangée d'apostrophes, coupée tout à coup par un silence absolu ; puis la voix reprenait, et cette voix était celle de M. Gorenflot, qui avait pour habitude de parler haut dans ses rêves et de s'occuper de ce qui l'avait

vivement impressionné dans la journée. Ce fut
même ce qui amena la séparation de lit des deux
époux, car la mercière avait trop souffert de ces habitudes, quand elle habitait la rue Saint-Denis, pour
ne pas prendre ses aises à la campagne. Ainsi que
toutes les imaginations ardentes, M. Gorenflot,
frappé des événements de la journée, en était poursuivi pendant son sommeil. Il ne s'en rendait pas
compte, et parlait, endormi, de ses préoccupations
du jour. C'est un fait qui n'a encore été décrit ni
par les physiologistes ni par les philosophes, quoique le *rêve* ait été l'objet de nombreuses disserta-
tions, à savoir, que l'homme qui ne semble pas rê-
ver est en jouissance complète de ses songes, tandis
qu'au contraire celui qui s'agite, parle, tient des
conversations, tressaute, crie, l'ignore absolument.
M. Gorenflot dormait comme un plomb, suivant une
belle expression vulgaire, et s'il eût commis un
crime, il n'était pas besoin de juge d'instruction :
il eût tout avoué pendant son sommeil si troublé
extérieurement et si pesant intérieurement. Sa
femme se rappelait ce phénomène : quand jadis,
dans leur commerce, des recouvrements ne se faisaient pas exactement, toute la nuit M. Gorenflot ne
parlait que de billets à payer, d'échéances, de pro-
têts, d'huissiers. L'invention des rubans moirés
avait fait la fortune du mercier ; ce succès inespéré
occupa tellement l'imagination de M. Gorenflot,
qu'il en parla pendant huit jours dans ses rêves. —
Je vais savoir ce qui l'occupe, se dit la mercière dé-

fiante ; et elle s'avança à pas de loup, une veilleuse à la main, vers le lit où était étendu son mari. D'abord elle ne recueillit que des grognements de diverse nature, sans accent précis, qui la décidèrent à s'approcher tout près du lit.

La veilleuse à la main, en peignoir étroit qui ne pouvait dissimuler des formes considérables, madame Gorenflot semblait une de ces Psychés que les peintres flamands ont choisies dans un comptoir de boucherie. Dans la situation présente, l'Amour, portant de grandes lunettes (car M. Gorenflot ne les quittait même pas la nuit), dormait la figure grimaçante, tiraillée par de cruels souvenirs. Il murmurait : « La forêt, la mare, le rocher... Des pioches... Allez à la grotte du torrent... Percez, sautez, faites jouer la mine... Boum... » Et M. Gorenflot poussa un tel cri pour imiter la détonation, que sa femme, épouvantée, se rattrapa aux portants du lit ; car, sans cet appui, elle eût renversé, comme la véritable Psyché, l'huile de la veilleuse sur le nez de son mari. L'explosion d'une véritable mine ne lui eût pas causé plus de frayeur : en même temps, le mercier agitait ses bras hors du lit et ses jambes sous la couverture, comme s'ils eussent été disloqués par l'explosion. « Cachez-vous, voilà les gardes ! s'écria-t-il tout à coup, et il ajouta : — Le trésor ! que d'argent enfoui dans cette forêt ! » Ce furent ses dernières paroles. Il s'assit ensuite sur son séant et fit le geste d'un homme qui bêche. La tourmente était passée. Un sourire de béatitude vint

remplacer sur ses lèvres les diverses expressions de
crainte, d'inquiétude, de regret, qui s'étaient suc-
cédées rapidement les unes aux autres.—Est-ce qu'il
enfouirait son argent dans la forêt ? se dit la mercière en regagnant sa couche ; mais elle ne pouvait
parvenir à s'en expliquer le motif.

Voulant pousser l'affaire à fond, elle resta quelques jours tranquille en apparence, quoiqu'elle
éprouvât un vif désir d'aller à Paris. Ce fut son
mari qui lui en fournit l'occasion en la prévenant
que le lendemain matin, levé à six heures, il parti-
rait de la maison et n'y rentrerait que le soir.
Ayant douze heures à sa disposition, la mercière
prit le chemin de fer, et courut rue Neuve-des-
Petits-Champs, chez le notaire Chevreau, qui la
confirma dans ses soupçons, à savoir, que M. Gorenflot n'avait pas déposé un sou des 5,000 francs
touchés par anticipation. Mille réflexions contraires
s'agitèrent dans l'esprit de la mercière. Quel emploi son mari avait-il pu faire d'une somme si considérable ? D'après les paroles surprises dans le
rêve, il était question d'enfouissement; mais dans
quel but? Les longues journées passées au dehors
par M. Gorenflot firent naître la jalousie dans le
cœur de sa femme. Le mercier n'était-il pas la proie
d'une de ces créatures qui détruisent la tranquillité des ménages ? Sous le prétexte d'aller contem-
pler la nature, M. Gorenflot ne cachait-il pas une
passion inavouable? L'enfouissement ne pouvait

être qu'une figure destinée à exprimer les sommes que cette créature engloutissait.

— Il n'échappéra pas à mes questions quand je reviendrai ! s'écria la mercière.

Elle arriva à la maison et ne fut pas peu surprise de trouver deux gendarmes à cheval qui en gardaient les issues.

— Que se passe-t-il ici ? demanda-t-elle.

— Cela ne vous regarde pas, la mère, dit l'un d'eux ; passez tranquillement votre chemin.

— Malhonnête ! s'écria-t-elle, voudriez-vous m'empêcher de rentrer chez moi ?

— Seriez-vous madame Gorenflot?

— Elle-même, répondit-elle d'un ton héroïque.

L'un des gendarmes sauta à bas de son cheval, remit les rênes à son camarade, prit le bras de la mercière.

— Vous allez me suivre, lui dit-il.

— Comment, vous m'arrêtez?

— On vous attend avec impatience au dedans.

Epouvantée de ce début, madame Gorenflot se laissa mener sans résistance au rez-de-chaussée de sa maison qu'elle trouva plein de gardes forestiers allant, venant, ouvrant les armoires, furetant partout.

Devant une table, assis, se tenait M. Gorenflot, pâle, en face de deux hommes, l'un qui écrivait, l'autre qui dictait : le juge de paix et son greffier.

— Gorenflot ! s'écria-t-elle.

— Qu'on emmène la prévenue dans la salle voisine, dit le juge sans lever la tête, nous l'interrogerons tout à l'heure.

Quant au mercier, il n'avait pas répondu à l'appel de sa femme. Affaissé sur lui-même, la tête basse, les bras pendants, la physionomie renversée, ce n'était plus le Gorenflot rayonnant des jours précédents ; ses lunettes elles-mêmes subissaient l'émotion générale qui le possédait. Les verres étaient recouverts d'une sorte de buée presque imperceptible, provenant de la chaleur des esprits vitaux qui s'échappaient de toute la personne du mercier. Ainsi qu'il arrive souvent pour la découverte des grands crimes, un incident léger avait fait surprendre M. Gorenflot par les agents forestiers dont la surveillance redoublait sous le coup des nombreuses destitutions qui les attendaient si les ravageurs de la forêt n'étaient pas découverts. Le mercier était parti le matin à la découverte et s'était enfoncé assez loin dans la forêt, sans se douter qu'il était suivi par un garde ; celui-ci, fatigué de ce manége, allait lui déclarer procès-verbal, lorsqu'en revenant, le mercier, après s'être assuré que personne ne pouvait le voir, entra dans une sorte de grotte secrète qu'il avait fait pratiquer par l'ouverture étroite d'un rocher. Il s'y glissa comme un serpent, et l'agent, craignant de le voir échapper, le saisit par les talons au moment où il allait disparaître. Le mercier fut pris d'un grand effroi, car la tête, le buste et les jambes passés dans le souterrain, il ne pouvait se rendre compte de l'obstacle

qui retenait son pied. Il crut à un animal féroce,
à un sanglier, à un loup, lorsqu'une voix se fit entendre : — *Rendez-vous!* et il se sentit ramené en
plein soleil. En se trouvant devant un garde forestier, M. Gorenflot se demanda si un loup farouche
n'eût pas été préférable.

— Qu'alliez-vous faire dans ce trou? lui demanda
le garde.

— Je me promenais, répondit le naïf mercier.

— Ne bougez pas, dit l'agent qui tenait M. Gorenflot par le collet.

En même temps, il prit un sifflet dans sa poche
et en tira trois sons perçants auxquels répondirent
d'autres coups de sifflet. C'était le signal convenu :
de toutes parts éclataient des sifflets, les uns vifs et
secs, les autres affaiblis et lointains. Des aboiements de chiens se joignaient à ces sons aigus qui
se croisaient en remplissant la forêt de bruits inusi-
tés. Dix bandes de voleurs n'eussent pas fait plus
grand tapage. Un à un accouraient des gardes forestiers, suivis de leurs chiens, hommes et animaux
le regard irrité, l'œil en feu, grondant et menaçant.

— Nous le tenons! s'écriaient-ils pleins d'une
joie féroce, à mesure qu'un de leurs camarades arrivait.

— Hou! hou! hou! répondaient les chiens qui,
s'amassant, finirent par former une meute considérable.

Pour donner plus d'éclat à cette arrestation, deux
gardes firent escorter M. Gorenflot sur le rocher en

le tenant au collet, de telle sorte qu'on pût l'aper-
cevoir de plus loin. Au bas du rocher, les chiens
grouillaient, levaient la tête vers le mercier, et
aboyaient, car ils avaient le sentiment de cette prise
importante. D'autres chiens plus fureteurs, après
avoir flairé les alentours du rocher, le gravirent, et
M. Gorenflot se crut dévoré; mais les gardes avaient
intérêt à porter en triomphe leur proie vivante, et
ils laissèrent seulement leurs limiers flairer les habits du délinquant, certains que les animaux seraient plus fins que les hommes pour découvrir
tout objet appartenant au mercier ou touché par
lui; en effet, après cette étude, les chiens sau-
tèrent au bas du rocher, tournèrent autour et
finirent par s'enfiler dans l'ouverture où avait été
pris M. Gorenflot. Il n'y eut pas besoin de leur dire :
Cherche ! Quelques-uns, au nez délicat, entrèrent
d'abord dans le souterrain et furent suivis par toute
la meute, qui poussa des aboiements à faire éclater
la roche.

— Il doit y avoir quelque chose là-dedans, dit le
garde qui avait arrêté M. Gorenflot.

— Il faudrait faire sortir les chiens, reprit un
autre.

Ils étaient tellement serrés dans cette grotte que
les derniers n'y pénétrèrent qu'à peine, et leurs
queues frétillantes dépassaient l'ouverture. Les
aboiements augmentèrent d'instant en instant, d'autant plus vifs qu'une sorte de combat se passait au
dedans de la grotte, les limiers entrés les premiers,

acculés dans le fond, ne pouvant plus sortir qu'en passant sur le ventre des autres chiens, ce qu'ils opérèrent avec leur souplesse habituelle. Ces animaux intelligents revenaient vers leurs maîtres, leur apporter des nouvelles ; par mille bonds et par la direction de leurs sauts, ils cherchaient à entraîner les gardes vers la grotte et semblaient leur dire qu'ils y feraient des découvertes importantes. L'un d'eux revint le museau peint en bleu-perruquier, et ses aboiements prouvaient la colère qu'il éprouvait de cette teinture. Pendant qu'il s'essuyait le museau aux bruyères, un autre sortit de la grotte tenant à la gueule le pot de couleurs que M. Gorenflot ne manquait jamais d'emporter dans ses explorations.

— Voilà avec quoi ce brigand dégrade les roches ! s'écria un des gardes.

Le mercier commença seulement alors à soupçonner l'étendue de son crime : il recueillit tant d'injures de la part des hommes et tant d'aboiements des animaux qu'il jugea sa position grave. Après de nombreux appels, des menaces et de plus nombreux coups de fouet, les chiens finirent par sortir de la grotte, et un garde y entra pour rapporter tour à tour des pelles, des pioches, des râteaux, des serpettes, des scies, de grandes faux et divers instruments tranchants qu'on approcha dérisoirement de la figure de M. Gorenflot pour les lui faire reconnaître. Ce fut bien pis quand on découvrit des paquets de poudre qui devaient servir certainement à ces mines désastreuses que l'administration forestière ne savait comment empêcher. Les mots de vaurien, de scélérat, de brigand étaient jetés à la tête de M. Gorenflot qui n'osait y répondre en présence de ces nombreux ennemis. Le Christ portant sa croix ne recueillit guère plus d'amères insultes, et le mercier se croyait réellement en danger à chaque objet qu'on tirait de la grotte. Quelques gardes s'avançaient près de lui, et lui mettant le poing sous le nez :

— Nous en as-tu donné, de l'ouvrage, scélérat ! s'écriaient-ils.

Enfin, arriva un agent supérieur à cheval, attiré par les coups de sifflet et les aboiements ; il s'opposa aux insultes des gardes et commença immédiatement une instruction en prenant les noms et la demeure de l'*Amant de la forêt*. Le mercier ne crut devoir rien cacher et fut entraîné vers sa maison, où des perquisitions furent faites tout d'abord, en attendant le juge de paix ; celui-ci ne tarda pas à arriver escorté de deux gendarmes, car n'ayant habituellement que de vulgaires délits forestiers dans son canton, il n'était pas fâché de donner une tournure importante à cette affaire qui sortait des bornes ordinaires. L'interrogatoire durait déjà depuis deux heures quand madame Gorenflot arriva de Paris, épouvantée du détournement des 5,000 francs commis par son mari, et ne se doutant guère qu'elle n'avait entendu que le prologue d'un drame affreux auquel elle allait être mêlée.

Gardée à vue par un gendarme dans la salle à manger, la mercière se livrait à toute son intempérance de langage contre la justice, lorsque le juge de paix vint l'interroger à son tour.

— Veuillez nous donner l'emploi de vos journées depuis que vous habitez le pays ? lui demanda-t-il.

— Depuis un an ! est-ce que je puis m'en souvenir ?

— Il le faut cependant.

Quoi que fit madame Gorenflot en se gendarmant contre cet interrogatoire, elle dut essayer de donner une idée de ses occupations habituelles.

— Répondez sincèrement, lui dit le juge de paix, car au premier mot qui me semblera louche, je me verrai dans la nécessité de délivrer un mandat d'arrêt contre vous.

— M'arrêter ! et pourquoi ?

— Comme complice de votre mari.

— Mon mari, je vous l'abandonne... vous pouvez l'arrêter... Quand on détourne des fonds !...

— Vous accusez votre mari d'avoir détourné des fonds ?

— Certainement ; 5,000 francs, chez le notaire.

— Quel notaire ?

— M. Chevreau, rue Neuve-des-Petits-Champs.

— Greffier, écrivez que madame accuse son mari d'avoir détourné 5,000 francs chez le notaire Chevreau. Mais ce notaire n'a-t-il pas porté plainte au parquet de la Seine ?

— Non, monsieur ; c'est moi qui me plains.

Ce fut le dernier coup porté à M. Gorenflot. Le
juge de paix, heureux d'arrêter un grand criminel,
écouta trop légèrement les plaintes de la mercière,
et le mercier, accusé d'avoir saccagé la forêt de
Grateloup, fut également prévenu de détournement
de fonds. Madame Gorenflot prouva facilement
son innocence ; elle ne sortait jamais de son jardin,
elle ignorait ce que faisait son mari au dehors,
mais elle raconta l'épisode du chevreuil jeté par-
dessus les murs, et ce fut un nouveau délit ajouté
aux deux autres.

Quand le greffier eut barbouillé un nombre suffi-
sant de feuilles de papier, quoique pût dire M. Gorenflot pour sa justification, il fut emmené par les
gendarmes pour être conduit à la prison de Grateloup. Les adieux du mari et de la femme ne furent
pas touchants : madame Gorenflot vit partir son mari
d'un œil sec et lui jeta à la tête d'amères récriminations. Grâce à des personnes influentes de
Paris, le mercier fut relâché deux jours après, mais
le procès ne s'en instruisit pas moins, et l'acte
d'accusation fit grand bruit à Paris et amena de
vives discussions à la brasserie des *Amis de la
Nature*.

VII

La forêt au tribunal. — Lavertujeon complote un nouveau tableau
symbolique.

Le procès, qui eut lieu peu de temps après, est
malheureusement un de ceux dont la *Gazette des
Tribunaux* n'a pas rendu un compte assez étendu.
Avec la précision qu'apportent les sténographes
dans leurs analyses, on aurait aujourd'hui des do-
cuments intéressants pour et contre la Nature, car
l'avocat de M. Gorenflot appuya sa défense sur un
amour immodéré de la Nature qui avait poussé son
client dans la voie des délits. Il est très-important de ne pas laisser perdre le souvenir de cette
séance. La salle du tribunal avait changé d'aspect
par la grande quantité de pièces de conviction
amoncelées dans divers endroits. Sur les degrés

qui conduisent à l'estrade des juges, on avait disposé de nombreux fragments de roches provenant
de l'explosion, et l'huissier s'était ingénié à faire
des trophées des divers instruments de jardinage
saisis dans la grotte lors de l'arrestation du mercier.
De son côté l'avocat s'était fait remettre par l'administration des eaux et forêts diverses essences de
jeunes plants qui formaient une voûte de verdure
au banc de la défense. Grâce à cette décoration,
la salle, habituellement grise, froide et monotone,
avait un aspect printanier qui se voit rarement dans
les tribunaux.

Les gardes forestiers remplissaient le prétoire à
titre de témoins, et au milieu d'eux se remarquaient
le ban et l'arrière-ban des *Amis de la Nature,* peintres et poètes. Au banc de l'avocat, madame Gorenflot prêtait assistance à son mari, et le fond de
la salle était occupé par les paysans de Grateloup,
les braconniers et les bûcherons, que cette affaire
intéressait au dernier point.

Après l'acte d'accusation, qui ne dura pas moins
d'une heure, M. Pickersgill fut interrogé, car il s'é-
tait présenté lui-même au parquet lorsqu'il avait appris par les journaux le dénoûment de cette affaire
où il avait joué un certain rôle. Sur la demande qui
lui fut faite par le président d'expliquer pourquoi il
ajoutait un fer aux flèches peintes par M. Gorenflot, le peintre anglais exprima l'indignation qui
s'était emparée de lui en voyant les rochers salis
d'un bleu choquant. Il témoigna de son plus vif

respect pour la coloration naturelle des rochers, et prétendit qu'en déroutant les indications de M. Gorenflot, il avait été poussé par le désir d'un châtiment immédiat pour l'audacieux *snob* qui, de son propre chef, détruisait par ce tire-l'œil les lignes tranquilles et ondulantes des grès de Grateloup. Un murmure sourd, parti du banc des *Amis de la Nature*, prouva à l'Anglais que ses opinions n'étaient pas partagées par tout l'auditoire. Si le président n'eût déclaré formellement que les interrupteurs seraient renvoyés de l'auditoire, le peintre Lavertujeon eût accueilli son confrère par des grognements agressifs, car, jaloux de la réception de l'Anglais au Salon, Lavertujeon se tournait ouvertement du parti de M. Gorenflot.

Les agents forestiers vinrent ensuite tour à tour déposer des soucis que leur avait causés l'entreprise du mercier. Réprimandés par leurs supérieurs, menacés de destitution, ils avaient veillé des nuits sans nombre, persuadés que tous ces délits se commettaient après la tombée du jour. De leur opinion à tous, il résultait qu'il avait fallu un grand nombre de bras pour accomplir ces désordres, mais que, jusqu'alors, M. Gorenflot seul avait pu être saisi en flagrant délit.

La déposition de Bigle était difficile. L'avocat de M. Gorenflot avait longtemps fait partie du club des *Amis de la Nature*, à l'époque où il était simple étudiant en droit. Cette affaire était son début, et il avait prié son ami Bigle de ne pas trop vive-

ment charger l'accusé. Bigle mit sa conscience en
paix en déclarant au tribunal les faits antérieurs
à l'arrestation. Tacitement, il partageait les opinions du peintre Pickersgill ; mais la quantité de
charges qui accablaient le mercier le décida à ne
pas donner cours à ses sentiments intimes.

— Tu ne peux pas contribuer à faire condamner
l'*Amant de la forêt*, lui avait dit avant l'audience le
philosophe Bougon. — Et ce fut à partir de ce
moment que M. Gorenflot fut décoré de ce titre'
dont l'avocat s'empara pour atténuer les torts de
son client.

Chacun attendait avec curiosité la déposition de
madame Gorenflot, qui n'avait pas peu contribué,
dans l'instruction, à compromettre son mari ; mais,
au grand étonnement du tribunal, la mercière changea complétement de manière de voir aux débats :
elle lutta de tout son pouvoir contre sa propre déposition devant le juge d'instruction, et fit entendre
que des motifs particuliers, que devait plus tard
expliquer l'avocat, l'avaient poussée dans une voie
de récriminations dont elle se repentait aujour-
d'hui. Pressée par le président de faire connaître
ces motifs particuliers, madame Gorenflot se troubla, rougit et ne put trouver de paroles.

— Messieurs de la cour, s'écria l'avocat Corbin
en venant au secours de la mercière, vous avez
entendu madame Gorenflot en vertu de votre pouvoir discrétionnaire, et rien dans sa déposition
devant M. le juge d'instruction ne doit être pris en

mauvaise part contre mon client. Des liens trop
étroits unissent ces époux fidèles pour que vous
prêtiez attention à ces nuages domestiques qui
s'élèvent dans les ménages les mieux unis. Ecoutez
à de certains moments la meilleure des femmes,
elle parlera de son mari comme du plus grand criminel que les enfers aient vomi : ce jour-là le mari
aura refusé une toilette à sa femme. Ce n'est pas
sur une telle accusation que vous amenerez un
innocent sur les bancs de la police correctionnelle.
On a appelé M. Gorenflot l'*Amant de la forêt*, et on
a eu raison. Voilà ce qui troublait le ménage de
mon client. Sa femme était jalouse !

En ce moment madame Gorenflot se couvrit la
figure de son mouchoir.

— Oui, messieurs, elle était jalouse ! Ne le
voyez-vous pas à ce sentiment de pudeur qui la
pousse à cacher les cruelles sensations qui ont si
longtemps déchiré son cœur ! madame Gorenflot
était jalouse de la forêt ! Toute la journée son mari
la délaissait pour adresser de secrets hommages à
cette forêt qui absorbait toutes ses tendresses. Quelque soit l'objet des infidélités d'un mari, les femmes
n'en sont pas moins froissées. Cette forêt de Grateloup, cette rivale de madame Gorenflot, était bien
séduisante. J'ai voulu la parcourir moi-même, messieurs, pour me rendre compte de ses séductions,
et peu à peu j'ai compris tous les charmes dont elle
pouvait disposer pour séparer des époux unis jus-
que-là. Me permettrez-vous, messieurs, de m'ap-

puyer sur l'infidélité ? Quelle est la femme, la plus tendre, la plus aimante, la plus belle, qui n'ait été sacrifiée à quelque objet nouveau ? Pourquoi ? Parce que cette femme a été trop uniformément tendre, trop uniformément aimante, trop uniformément belle. Madame Gorenflot, en honnête épouse, ne connaît pas ces coquetteries que savent employer certaines femmes dont le rôle consiste à aiguillonner l'homme, à se faire désirer, à ne se rendre qu'après mille combats charmants. Ces maîtresses sont dangereuses, car le cœur est remplacé par l'art ; elles ne sont occupées qu'à changer de sentiment, à se montrer toujours aimables sous un aspect différent. La forêt, messieurs, était la plus dangereuse des courtisanes : quatre fois par an elle se transforme et se métamorphose, de telle sorte qu'elle offre aux yeux épris de ses beautés des aspects toujours nouveaux. Si, pendant l'hiver, elle est triste et sombre, son réveil, au printemps, n'en est-il pas bien plus séduisant ? M. Corenflot l'aimait comme à cet âge où l'homme, revenu des illusions, s'attache à une jeune enfant timide. Toutes ces nouvelles pousses d'où sortent des feuilles si tendres et si vertes ne nous rappellent-elles pas ces jeunes filles élancées dont le corps se forme et dont l'haleine est plus pure qu'un vent frais ? Dans l'été, la forêt est au comble de sa splendeur ; elle éclate de richesses, elle est couverte de diamants, elle est resplendissante ; c'est une reine en toilette de cour un soir de grande réception. Tout est en fête : le

soleil se met de la partie et illumine cette triom-
phante beauté... Qui n'aimerait alors la forêt ?
M. Gorenflot n'est pas coupable ; tous, si nous ne
vivions pas enfermés dans les villes, nous partage-
rions la même passion. Vous comprenez maintenant ces folies, n'est-ce pas, messieurs ? et vous les
pardonnez. Que sera-ce quand je vous aurai montré
la forêt se métamorphosant à l'automne et prenant
les attitudes calmes d'une belle femme de trente-
cinq ans, c'est-à-dire de la créature arrivée à l'état le
plus séduisant peut-être ? Les grandes passions sont
envolées, mais il reste encore une affection soutenue : ce sont les femmes de trente-cinq ans qui
laissent le plus de traces dans le cœur des hommes.
C'est en automne, messieurs, que M. Gorenflot
connut la forêt, et ce simple fait vous expliquera
l'attachement sérieux qui en résulta. La forêt, à
cette époque, se présentait comme une personne
réservée, un peu fatiguée des orages de la vie et à
qui une douce amitié devait suffire. Trompeuses
apparences ! Mon client s'y laissa prendre ; il était
arrivé à cet âge où l'on se souvient à peine des
folies de la jeunesse. Il fréquenta la forêt, trop
souvent pour son repos, et en reçut à chaque visite
mille preuves d'affection auxquelles les cœurs les
plus insensibles peuvent à peine résister.

— Maître Corbin, dit le président en interrom-
pant l'avocat, ne vous laissez-vous pas entraîner
un peu par votre sujet?

Les *Amis de la Nature* poussèrent une exclamation douloureuse en voyant couper si brutalement les belles comparaisons de leur ancien camarade. L'huissier, les sourcils froncés, arpenta le prétoire pour découvrir les fauteurs de cette manifestation.

— La défense n'est pas libre, dit le philosophe Bougon à Lavertujeon qui était en train de dessiner la toque écrasée de l'avocat Corbin, qui, en pérorant, la pétrissait et lui infligeait des transformations aussi variées que celles de la forêt.

— Il y a un beau tableau à faire avec cette toque, dit Lavertujeon ; elle est d'un ton...

— J'en étais à la fin de l'automne, messieurs de la cour, continua l'avocat Corbin, et je voulais vous montrer comment, peu à peu, M. Gorenflot se laissa séduire et comment il devint l'*Amant de la forêt*.

En parlant ainsi, l'avocat Corbin renversa sa toque sur son bureau, l'aplatit et la tint dans la situation d'une femme qu'après de nombreux coups un scélérat veut violer sur un grand chemin.

— Messieurs, s'écria le procureur du roi, le ministère public ne saurait admettre le titre d'*Amant de la forêt* qui blesse les mœurs et semble faire de l'accusé un personnage poussé par des motifs d'un ordre tout particulier.

— Monsieur le procureur du roi, continua l'avocat en donnant du jeu à sa toque et en la replaçant sur sa tête, discutera ce titre dans sa réplique ; mais je crois avoir le droit de m'en servir.

— Est-il convenable, reprit le procureur du roi, d'équivoquer sur une sorte d'adultère en présence d'une femme légitime, madame Gorenflot, qui ne peut entendre ces comparaisons sans rougir ?

Maître Corbin fit descendre sa toque des hauteurs de son crâne.

— Il ne laissera donc pas sa toque tranquille ! dit Lavertujeon, qui ne pouvait réussir à suivre avec le crayon les formes variées que la main de l'avocat modifiait à tout instant.

— J'engage maître Corbin à abréger son plaidoyer, dit le président.

— Je remercie messieurs de la cour, dit l'avocat, d'accepter ce titre d'*Amant de la forêt*.

— La cour ne l'accepte pas, maître Corbin, reprit le procureur du roi.

— Du moins elle le tolère.

— Maître Corbin, dit le président, dans l'intérêt de votre client, vous devriez bien chercher une autre qualification : nous sommes certains que votre imagination ne vous ferait pas défaut. Votre client lui-même vous en saurait gré.

L'avocat se pencha vers M. Gorenflot et lui parla à l'oreille.

— Messieurs de la cour, reprit-il, M. Gorenflot se trouve honoré de cette appellation ; n'est-il pas juste qu'une voix dans cette enceinte lui fasse oublier la souillure qu'il éprouve de se trouver sur le banc des criminels, en essayant d'atténuer le délit, si délit il y a, par le récit d'une passion qui montre un cœur encore chaud ? J'abrégerai donc et je vous

montrerai M. Gorenflot allant tous les matins à ses
rendez-vous dans la forêt...

L'avocat fit faire sur le bureau une petite promenade à sa toque.

— Il trompait sa femme, continua-t-il, mais sans
le savoir : ce n'est pas là un de ces adultères qui
entraînent des désordres dans les ménages, qui
amènent des enfants étrangers au milieu des fa-
milles... Non, messieurs. Ce sont des joies per-
mises, et il faut bien que je vous dise la tristesse
de mon client quand les feuilles jaunies tombèrent
une à une, quand la forêt prit ses habits de deuil,
quand des larmes sans fin coulèrent le long des
troncs noircis , quand la neige étala ses tentures
blanches comme pour l'enterrement d'une jeune
fille... Alors, messieurs de la cour, le cœur de
M. Gorenflot saigna, il crut à la mort de celle qu'il
avait tant aimée. Tout le portait à cette idée... De
longues files de corbeaux s'abattaient à de certains
endroits, comme s'ils cherchaient à violer une sé-
pulture...

L'avocat Corbin avait plié sa toque de telle manière qu'elle ressemblait véritablement à ce funèbre
oiseau. Aussi trouva-t-il bon de faire planer un
moment sa terrible toque au bec crochu devant le
tribunal.

— Seuls, les cyprès, les ifs et les pins gardaient
leur sombre toilette verte, comme pour montrer
que le deuil est éternel... Ce sont là, continua
l'avocat, de ces douleurs poignantes auxquelles il

est impossible de ne pas s'abandonner... *L'Amant
de la forêt* a résisté à ces tristesses, à ces mélanco-
lies qu'une âme faible n'eût pu supporter... Mais
aussi quelles joies, quels ravissements, quelles
extases, quand aux premiers souffles du printemps
la nature reprit ses droits!... Voilà, messieurs,
l'image de ce renouveau dont j'ai voulu faire passer des preuves sous vos yeux.

L'avocat Corbin se retourna vers les arbres qui
ombrageaient son banc.

— Les voilà ces jeunes pousses, ces tendres et
suaves verdures, la fête des yeux... Et on accuse
M. Gorenflot d'avoir fait arracher ces plantations
naissantes! Ah! messieurs, vous ne connaissez pas
mon client... Il respectait un brin d'herbe, car ce
brin d'herbe faisait partie du tapis de sa bien-
aimée. (Roulée dans les mains de l'avocat, la toque
prit la forme d'un brin d'herbe.) Un amant qui est
reçu par une femme de qualité a-t-il jamais songé
à enlever une rosace du tapis du boudoir? Ce serait
de la démence. Comment, messieurs, l'*Amant de la
forêt* aurait employé la scie et la hache pour couper
des arbres, quand il sait que ces arbres sont les enfants de la forêt!.. On va jusqu'à dire qu'il a fait
jouer la mine et fait sauter des rochers. Allons
donc! ces explosions, cette artillerie ne sont pas
les concerts dont un amant régale les oreilles de sa
maîtresse... Oui, M. Gorenflot a touché à la forêt,
mais dans quel but? Il a nettoyé un sentier (avec
sa toque, maître Corbin balaya son bureau). Le

fameux sentier de la mare, encombré de grosses
pierres, il l'a sablonné, il l'avoue. Si c'est un crime,
condamnez-le : mais ne le condamnez pas pour des
explosions de mines, pour des souterrains creusés,
pour des détournements de cours d'eau, pour des
massifs enlevés, pour des futaies éclaircies. Rien
que cet amas d'instruments de destruction l'inno-
cente... Vous avouez qu'il y a d'autres coupables ;
trouvez-les, et nous serons heureux de les voir
face à face de l'*Amant de la forêt*... Ce sont des
maraudeurs, j'en suis certain, des vagabonds ; mais
M. Gorenflot n'est ni un vagabond, ni un marau-
deur. Messieurs, si nous pouvions transporter le
tribunal sous les chênes de Grateloup, je ne doute
pas que les animaux, les biches au pied léger,
les oiseaux, la brise, ne vinssent témoigner à dé-
charge en faveur de l'*Amant de la forêt*.

Ainsi parla l'avocat Corbin, dont le discours fut
suivi des murmures flatteurs des *Amis de la Nature*.
Il se fit un moment de silence pendant lequel l'avocat considéra avec attendrissement sa toque, la
redressa, et, pour la reposer de ses diverses incar-
nations, lui rendit sa forme naturelle au grand
désespoir du peintre Lavertujeon, qui depuis quelque temps s'était appliqué à en rendre les contours
aplatis.

Cette toque lui inspira un mot cruel.

— Ce Corbin est toqué, dit-il.

— Messieurs, dit le procureur du roi, si l'accusé

Gorenflot croit échapper à la vindicte des lois par cette profusion trop longtemps soutenue, de comparaisons, d'images et de métaphores, il se trompe. Gorenflot est accusé d'avoir violé les lois de l'administration forestière en coupant des arbres, en faisant sauter des groupes de rochers, en salissant de ses peintures des grès centenaires, et cette sorte de passion pour la forêt qu'on invoque pour détourner la rigueur de votre jugement n'est qu'un moyen oratoire trop souvent employé pour qu'il puisse réussir en cette circonstance. Puisque le défenseur se retranche derrière l'amour, il devrait savoir que l'amour n'excuse rien. Un homme assassine une femme, une femme assassine un homme, il serait vraiment trop facile de dire : C'est la faute à l'amour ; je n'ai pas assassiné ; c'est l'amour qui a armé mon bras. Si madame Gorenflot abandonnait demain le domicile conjugal et qu'elle invoquât l'amour pour expliquer cette fuite, que dirait son mari ? M. Gorenflot viendrait déposer sa plainte entre nos mains et la justice l'aiderait dans ses recherches. Tout amour qui ne prend pas sa source dans un but noble et élevé conduit au crime, et nous le jugeons sous cette nouvelle transformation. Que le défenseur ait tracé un séduisant tableau du printemps, je ne m'y oppose pas ; qu'il ait mis en regard l'antithèse d'un noir hiver, ceci fait l'éloge de son éloquence ; mais M. Gorenflot n'en est pas moins passible des délits prévus par le code. Les avocats les plus brillants ne le sauveraient pas des

7.

peines qui l'attendent. Je veux vous montrer un Gorenflot plus réel, celui qui est assis en ce moment sur les bancs de la police correctionnelle, une sorte de maniaque, dont M. Pickersgill vous a fait remarquer l'idée fixe. C'est ce peintre anglais que nous remercions d'avoir déposé spontanément de ce qu'il a vu. Voilà le véritable *Amant de la forêt* que M. Pickersgill ! Il s'inquiète, il s'étonne, il s'irrite de voir dégrader les roches de Grateloup, et il s'en venge spirituellement. Pourquoi s'en venge-t-il ? Parceque, en artiste épris des charmes de la nature, il ne peut souffrir que des roches soient marquées d'une lance bleue comme un passeport l'est du timbre de la préfecture de police. De cette manière, le peintre se moquait finement du maniaque ; mais il y a eu d'autres délits nombreux : l'administration forestière jouit d'un code complet dont il ne lui est pas permis de s'écarter. Nous condamnons tous les jours des malheureux qui enlèvent du bois mort, des feuilles sèches ; nous dressons procès-verbal contre les propriétaires d'animaux qui s'introduisent dans la forêt, et vous osez demander l'acquittement d'un homme poussé par on ne sait quelles étranges idées, qui fait sauter des blocs de rochers, détourne des rivières, creuse des cavernes et détruit des plantations ! Qui a donné à l'accusé Gorenflot le droit de se poser en Créateur ? A quelles idées obéit-il ? S'il a un système qu'il le déroule ! Sa malheureuse femme en a trop dit le premier jour pour se rétracter à l'audience. Sans doute, en sa qualité de femme de l'accusé, nous ne pouvons la regarder comme un témoin ordinaire, car si elle avait prêté serment, ce serait un faux témoin. Mais nous avons recueilli précieusement ses propres aveux lors du premier interrogatoire, au moment où arrivant de Paris, déjà saisie du détournement des 5,000 francs, son indignation la poussait à découvrir toute la vérité. Ces 5,000 francs ont été dépensés en achat d'outils, en poudre, en main-d'œuvre, en payement du silence de certains complices que l'instruction n'a pu découvrir, mais qui n'en sont pas moins sous l'œil de la justice. Non, messieurs, madame Gorenflot n'est pas jalouse de la forêt, elle a trop de bon sens pour s'inquiéter des tendresses de cette personne, ainsi que le disait le défenseur. Elle est inquiète de voir son bien passer en folies, en terrassements, en mines, en serpettes, en scies et en pioches... Qu'elle se rassure ! La loi la vengera. Qu'un châtiment sévère ramène M. Gorenflot à son devoir ; je mets madame Gorenflot sous la protection de messieurs de la cour.

L'avocat Corbin demanda au président l'autorisation de répliquer. Comme il était novice au barreau, il dépensait follement son patrimoine de paroles, et il ne parla pas moins d'une heure, en donnant à sa toque les formes les plus fantastiques, ce qui indisposa tout à fait le tribunal. M. Gorenflot fut condamné à 1,000 francs de dommages-intérêts et à deux jours de prison ; mais une ovation préparée par son avocat, dans le but de l'amener à

un appel, lui fit oublier les émotions de l'audience.
Le philosophe Bougon, le peintre Lavertujeon, le
poète Godard et leurs camarades s'avancèrent vers
le banc des accusés, et prodiguèrent au mercier des
poignées de main et de chaudes accolades, qui le
surprirent profondément.

— Monsieur Gorenflot, lui dit l'avocat, j'ai l'honneur de vous présenter les *Amis de la Nature*, qui
ont suivi ces débats avec le plus vif intérêt, et qui
vous comprennent.

Le mercier, plein d'émotion, avait les larmes aux
yeux.

— Allons, messieurs, cria l'huissier, il faut sortir
de la salle !

— Mon mari va donc aller en prison ! s'écria
madame Gorenflot.

— Non, madame, dit l'avocat, il est libre de vous
suivre... Nous en rappellerons, et je vous assure
que nous gagnerons.

— Viendras-tu, Gorenflot? dit la mercière à son
mari que le philosophe et ses amis entouraient.

— Sortons de cette enceinte au plus vite, dit
Bougon ; l'atmosphère est lourde et épaisse...

— Oh ! si vous connaissiez la forêt ! soupira
M. Gorenflot.

— Tu penses encore à cette forêt? s'écria la mercière.

M. Gorenflot se tourna vers l'avocat Corbin, l'em-
mena à quelques pas et l'engagea à dîner, ainsi que

les *Amis de la Nature,* ce dont Bougon fut particulièrement touché.

— Après le repas, dit le mercier, nous irons faire une dernière promenade dans cette forêt que j'ai tant aimée !

— J'accepte, répondit l'avocat, et je me charge de faire accepter également votre invitation à ces messieurs.

Madame Gorenflot fut d'abord effrayée des singuliers convives que son mari entraînait à la maison, mais l'avocat Corbin lui offrit son bras et lui tint des propos si recherchés et si galants, qu'elle oublia ses fâcheuses impres⸱⸱⸱ns de l'audience. Il était quatre heures de l'après-midi ; le mercier pria ses invités de revenir par la forêt, dont il connaissait assez les détours pour abréger le chemin et ne pas faire plus d'une lieue. Ce furent de gros soupirs que recueillirent les *Amis de la Nature,* quand M. Gorenflot passait près d'un endroit où il s'était permis quelques embellissements.

— Voilà ce que j'ai fait, disait-il au philosophe Bougon en les lui montrant, et on ne m'en sait pas gré !

Mais il parlait à voix basse de peur que sa femme ne l'entendît. Arrivé à l'endroit où la mine avait disjoint les rochers, M. Gorenflot se baissa, ramassa quelques débris de grès et en offrit à chacun de ses nouveaux amis.

— Peut-être, dit-il, l'administration ne nous empêchera-t-elle pas de recueillir ces faibles traces de mes travaux.

Plus tard, dans la soirée, il signa de son nom chacune de ces pierres et pria les *Amis de la Nature* de les conserver précieusement.

A mi-chemin l'avocat Corbin quitta le bras de la mercière, prit celui de son mari et lui dit :

— Il faudrait faire quelques concessions à madame Gorenflot. Elle craint que vous ne retombiez sous le coup de la justice correctionnelle. Dans votre intérêt, je vous engage à la prudence.

—Mon parti est pris, s'écria le mercier... Voyez-vous cette grotte que j'ai creusée au péril de mes jours ? Nous allons nous y arrêter ; ma femme sera satisfaite.

L'avocat courut à madame Gorenflot et la pria de venir se reposer dans la grotte. Quand tous furent entrés :

— Que cette grotte porte à jamais le titre de *Grotte du Serment!* s'écria le mercier. Ici je jure, en présence de ma femme et de nombreux témoins, que je renonce à embellir les charmes de la forêt. Que la voûte croule sur ma tête si la vérité ne guide pas mes paroles... Une administration jalouse a arrêté mes travaux ; elle est toute-puissante, je fais le serment de ne plus lutter contre ses ordonnances... Je respecterai son code, je le jure! Madame Gorenflot, es-tu contente de moi?

La mercière se laissa tomber dans les bras de son mari.

— Je te demande seulement la permission de venir quelquefois me réfugier dans cette *Grotte du Serment*, afin que les souvenirs que j'y puiserai me rappellent sans cesse ma détermination présente...

Ce nouvel incident mit tout à fait en belle humeur madame Gorenflot, qui fit les honneurs de sa table avec la plus grande courtoisie.

— Que crayonniez-vous à l'audience? demanda l'avocat Corbin à Lavertujeon.

— Je voulais prendre un dessin exact de votre toque.

— Ma toque! s'écria l'avocat.

— Certainement, votre toque!

L'avocat troublé, craignant le peintre, alla vers Bougon et lui dit :

— J'aurais préféré que M. Lavertujeon fît une bonne caricature du procureur du roi.

— Lavertujeon ne dessine pas de caricatures, dit le philosophe; c'est un peintre d'histoire.

— Notre ami Lavertujeon, reprit Bougon, méprise complètement la figure des hommes... En croquant ta toque, il couvait certainement une idée; n'est-ce pas, Lavertujeon?

— Cette toque, qui ne pouvait rester un moment dans une attitude naturelle, m'a beaucoup contrarié... Tenez, voilà mon album; j'ai pu à peine saisir quelques profils.

Le peintre tira un album de sa poche, et montra les divers aspects de la toque de l'avocat, tantôt penchée, tantôt droite, rejetée en arrière, penchée en avant, ressemblant à un gâteau de Savoie, à un brin d'herbe, à un balai, à un oiseau de proie, puis les côtés aplatis.

— C'est très-bien! très-bien! s'écria le philosophe.

— Je ne pourrai pas me servir de ces croquis, dit le peintre.

— Oui, tu as sans doute peur de ton audace?

Le peintre ferma les yeux pour essayer de comprendre le philosophe.

— Voilà un bon tableau que Corbin devrait te commander.

— Je ne vois pas de tableau possible avec ma toque, dit l'avocat froissé.

— Quand Lavertujeon t'aura expliqué son idée, dit le philosophe en donnant un violent coup de genou au peintre.

— Je peux peindre une toque pour Corbin, s'il le désire.

— Et que ferai-je d'une toque peinte? Ce n'est guère intéressant.

— Attends, dit le philosophe, Lavertujeon aurait ajouté quelque chose à la toque.

— Dame! dit le peintre en réfléchissant, un encrier en plomb, avec une grande plume blanche, n'aurait pas mal fait à côté.

— Bravo! dit le philosophe, et je connais assez Lavertujeon, — il n'oublie rien, — pour savoir qu'il aurait posé non loin de la toque un gros dossier...

— Avec une couverture en papier gris attachée par du fil rouge! s'écria le peintre dans la fureur de la composition.

— Quand je te disais, Corbin, reprit le philosophe, que Lavertujeon machinait quelque tableau pendant l'audience. Rien ne serait plus piquant dans un cabinet d'avocat !

— Il faut que je sois fatigué par l'audience, dit l'avocat, je ne trouve pas ce sujet très-intéressant.... Une toque, un encrier, du papier, des plumes...

— Un dossier te dis-je ; fais donc attention à ce gros dossier.

— Avec couverture en papier gris ; je peindrai cela à merveille, dit Lavertujeon.

— Je suis certain que madame Gorenflot comprend très-bien le sujet, reprit le philosophe.

La mercière et son mari, qui ouvraient de grands yeux, se crurent obligés, par politesse, de s'incliner en signe d'assentiment.

— Tu aimes peut-être les sujets compliqués, dit le philosophe à Corbin. Si tu veux que Lavertujeon couvre son œuvre de symboles, il le peut, quoiqu'il préfère s'en tenir à la lucidité de l'action.

— Je ne te comprends pas, dit l'avocat ; laisse donc parler Lavertujeon, il sera peut-être plus clair que toi.

— Oui, dit Bigle, Bougon est insupportable ; il nous trouble la tête avec ses idées.

— Je ne demande pas mieux, dit le philosophe,

que de laisser la parole à Lavertujeon... Explique ton symbole à Corbin.

Le peintre parla de sa façon de grouper le dossier et la toque ; il prétendait poser l'encrier à gauche du spectateur, avec la grande plume penchée sur le côté. Il semblait hésiter entre un encrier de faïence et un encrier de plomb. Son dossier devait-il être masqué à moitié par la toque ou apparaître dans sa volumineuse épaisseur, voilà ce qui le troublait : ses explications ne durèrent pas moins d'un quart d'heure, pendant lequel l'avocat s'appliqua à démêler de quels symboles il pouvait être question en pareille matière.

— Réellement, Corbin, reprit le philosophe, tu n'es pas fort ; tu plaides bien, tu as parfaitement défendu l'*Amant de la forêt*, mais tu ne te connais pas en peinture.

— Si tu peux me démontrer qu'il y a un symbole dans les explications de Lavertujeon, je lui commande immédiatement le tableau.

— Est-ce convenu ? dit le philosophe.

— Parfaitement.

— Tope là dans la main de Lavertujeon : tu lui dois 500 francs. C'est un tableau de 500 francs que tu viens de lui commander. A un autre j'en demanderais 1,000 ; mais, comme tu débutes au barreau, il ne faut pas t'écorcher. Lavertujeon, passe-moi ton album. Bien. Maintenant, écris-moi au-dessous de ces toques : *Souvenir de la séance du tribunal correctionnel du* 10 *juillet* 1840. Voilà le symbole ; passe-le à Corbin qu'il l'admire.

L'avocat regarda avec stupéfaction ces croquis qui ne lui apprenaient rien.

— Ce n'est plus une toque que Lavertujeon peindra ! s'écria le philosophe ; ce sont vingt toques dans l'état où tu les vois. Vingt toques d'un brillant orateur qui s'est abandonné aux sensations les plus vives pour défendre M. Gorenflot. Vois-tu cette toque fière et droite ? c'est un de tes arguments triomphants. On pourrait appeler ce tableau *la Palme de l'Eloquence*. La toque est écrasée, signe certain que ton rival a perdu la victoire. On te peindrait en pied, plein d'enthousiasme, l'œil brillant, la bouche frémissante, qu'un pareil portrait ne vaudrait pas le symbole de l'ami Lavertujeon. Connais-tu l'archange Michel terrassant le démon ? Eh bien, si tu ne le connais pas, va au Louvre voir le tableau de Raphaël, et pense que tu as dans ton cabinet une œuvre supérieure d'un homme modeste, Lavertujeon, qui t'a demandé seulement 500 francs parce que c'était toi.

Les *Amis de la Nature* soutinrent que le philosophe avait raison.

— Quel effet imprévu, s'écria Bigle, quand la toque de Corbin a pris la forme d'un gros corbeau !

— En brin d'herbe, ma toque ne m'a pas déplu, dit l'avocat avec un sourire complaisant. J'ai trouvé tout à coup le brin d'herbe.

— Vraiment, dit Bougon, ce brin d'herbe n'avait pas été préparé dans le silence du cabinet?

— J'ai bien vu que ce jeu de toque était spontané, dit Lavertujeon.

— Voilà pourquoi il faut que Lavertujeon te soigne son tableau de *la Palme de l'Eloquence*, continua le philosophe qui avait à cœur d'enlever une dernière trace de grimace sur les lèvres de l'avocat; tu tiens dans ton cabinet tous tes effets à l'avenir. Tu as à plaider le matin ; avant d'aller à l'audience tu regardes les toques de ton tableau, et tu te dis qu'à tel moment, en présence de tel argument, il faut renouveler le jeu de la toque. C'est à considérer.

Corbin, vaincu, accepta le tableau de Lavertujeon, et le philosophe ne se leva pas de table sans prévenir madame Gorenflot que prochainement le peintre creuserait un symbole pour son mari.

— 500 francs, dit-elle, c'est bien cher.

— Aimez-vous mieux que M. Gorenflot continue ses relations avec la forêt?

— Vous avez raison, dit-elle.

Le soir, comme M. Gorenflot reconduisait ses hôtes, charmé tout particulièrement de l'imagination du philosophe, il le prit par le bras.

— Venez donc me demander un jour à dîner sans façon, lui dit-il. Cette *Grotte du Serment* ne répond pas assez à son titre... Je voudrais trouver quelques accessoires pour la rendre plus significative.

VIII

Ce procès changea complètement les habitudes
de M. Gorenflot, qui renonça dès lors à l'embellissement de la forêt ; s'il y retourna comme d'habitude, ce ne fut plus secrètement ; et le hasard
l'ayant fait rencontrer sur le chemin avec l'inspecteur, celui-ci chercha à lui faire oublier ses tribulations au tribunal correctionnel.

M. de Cornulier, inspecteur de la forêt de Grateloup, était un galant homme, disposé à rendre service à ceux qui l'approchaient. Il promit au mercier
de le soustraire à ses deux jours de prison, et il fut
assez puissant pour y réussir. Les gardes à pied, les

cantonniers, les gardes à cheval, qui rencontrèrent
M. Gorenflot en compagnie de l'inspecteur, s'em-
pressèrent dès lors de témoigner leur respect à l'ancien mercier, et il en profita pour suivre leurs travaux de près et s'instruire dans l'aménagement
d'une forêt. Ne pouvant plus travailler par lui-
même, M. Gorenflot s'intéressa au travail des autres,
et tous les jours il ne manquait pas, après déjeuner,
d'aller voir pratiquer tantôt une coupe d'amélioration, tantôt assister aux essais qui se faisaient pour
remédier aux maladies des arbres, tantôt voir des
plantations nouvelles, tantôt suivre l'enlèvement de
chablis, qui sont des arbres rompus par les vents.

Devenu questionneur perpétuel, M. Gorenflot faisait parler les ouvriers en leur offrant de quoi boire
bouteille, et il obtint ainsi des renseignements plus
précis que s'il avait étudié à l'école forestière de
Nancy. Les ouvriers aiment à critiquer leurs maîtres : en même temps qu'ils parlaient au cabaret de
leurs travaux, ils ne manquaient pas de décocher
quelques coups de langue aux gardes généraux et
au conservateur lui-même.

Il se passe des luttes curieuses entre les jeunes
plants d'une forêt, qui tous cherchent à s'emparer
de la lumière et de l'atmosphère. Les plus faibles
sont étouffés et tombent en pourriture; ceux qui
doivent rester se débarrassent de plus en plus
de leurs branches basses. Il n'y a pas d'inconvé-
nients à cette lutte pendant la première jeunesse
de la forêt, car les jeunes brins se prêtent un mu-

tuel abri contre les intempéries ; seulement il est nécessaire que le forestier imite la marche de la nature dans la coupe de régénération. Il arriva, pendant que M. Gorenflot faisait son éducation, qu'une partie de la forêt fut négligée ; les jeunes arbres trop serrés, privés d'air et de lumière, devinrent fluets et maigrelets, car il est dans leur nature de s'allonger le plus possible, ainsi qu'un homme qui marcherait sur la pointe des pieds pour se grandir. Les malheureux font des efforts désespérés pour dépasser les autres, et ils s'allongent aux dépens du tronc qui est une sorte d'estomac, jusqu'à ce que leur taille développée avec exagération ne leur permette plus de se tenir droits. Alors le feuillage s'incline, jaunit, et l'arbre arrive à un rapide dépérissement. Un coin de la forêt fut victime du retard des agents chargés de la coupe de régénération ; quand elle se fit, il n'était plus temps.

Pendant l'automne il survint une sorte de trombe qui coupa toute une sapinière par le milieu des troncs. Ce fut un désordre comme il s'en voit rarement ; d'énormes sapins furent cassés en deux par le vent avec moins de résistance qu'une latte. Il ne resta de cette partie de la forêt que des quilles qu'on appelle par là des *chandeliers,* mais la chandelle, c'est-à-dire le feuillage des arbres, était morte et jonchait la terre de mélancoliques balais verts. L'inspecteur, dans un rapport qui rejetait l'accident sur cette trombe extraordinaire, constata le dommage, qui était immense, car on déracina pour plus de

20,000 fr. de ces quilles ; mais les ouvriers, tout en arrachant les sapins, ne manquèrent pas de rejeter le tort sur l'administrateur en chef qui, en ordonnant des coupes autour de ces bois de sapins, avait laissé trop beau jeu aux vents. En effet, dans les endroits où les plantations se protégeaient par groupes serrés, la trombe n'avait produit que peu de désastres. Elle avait ravagé la sapinière par la prise que lui donnaient les coupes environnantes.

La plupart des journaux parisiens enregistrèrent ce fait aux nouvelles diverses, en le présentant à leurs abonnés comme un événement curieux ; mais les feuilles de l'opposition en firent le sujet d'un *entrefilet* accusateur contre le ministre, dont l'inspecteur était la créature, disaient-ils. L'incapacité de cet employé supérieur, qui avait contribué au succès de la trombe, devait naturellement, ajoutaient ces journaux, retomber sur la tête du ministre qui l'avait appelé à ce poste important. M. de Cornulier méprisa cet article et le laissa sans réponse, croyant avoir affaire à quelque jaloux qui en voulait à sa place. La vérité est que M. Gorenflot, en faisant connaissance des *Amis de la Nature,* s'était trouvé en relations avec le poète Godard qui gagnait sa vie en rédigeant quelques articles pour les journaux de l'opposition. Après avoir fait causer les ouvriers sur l'événement, le mercier prit le chemin de fer et tomba dans la brasserie des *Amis de la Nature,* où il raconta le fait. La réception fut chaleureuse, car M. Gorenflot invitait tout le cénacle à dîner la semaine suivante à Grateloup. Godard, heureux d'apporter à son journal quelques récriminations contre le ministère, s'empressa de prendre note de ces détails, et ce fut ainsi qu'une première mine fut introduite sous la forêt. Godard allait toutes les semaines à Grateloup rendre visite au mercier et le faisait causer.

Dès lors, il ne se passa pas huit jours qu'il n'envoyât quelques lignes perfides contre l'administration forestière : c'étaient des futaies coupées trop irrégulièrement, des massifs trop serrés, des arbres à moitié déracinés qui menaçaient l'existence des voyageurs, des *morts-bois* dont l'entassement annonçait le mauvais état de la forêt, tous les propos des ouvriers recueillis, tous ceux des braconniers, considérablement augmentés. Le journal parlait autant de la forêt de Grateloup que des suicides ou des morts par accident. Godard s'en frottait les mains, car ces notes augmentèrent considérablement son budget. Deux mois après le premier article, le *fait divers* Grateloup lui fit gagner 150 fr.

— J'espère bien, disait-il, que la forêt va me rapporter 1,200 francs par an.

Le jour de cette bonne aubaine, il acheta un joli chapeau à sa maîtresse en lui disant : Voilà une branche d'arbre. Le mois suivant, il lui offrit un tronc, c'est-à-dire une robe, et des racines qui n'étaient autres que des bottines. La conversation des *Amis de la Nature* avait pris une teinte de la forêt.

— Je ne m'engage pas dans ce fourré, disait le

peintre Lavertujeon en faisant, dans certains quartiers, un assez grand détour à cause de divers créanciers qu'il comparait à des épines.

La munificence de M. Gorenflot portait ses fruits : quand il venait à Paris, la table de la brasserie était couverte de jambons entiers et de petites tonnes de bière qu'il offrait à ses partisans dévoués. Peu d'hommes furent autant récompensés que le mercier de ses tribulations de police correctionnelle, car l'imagination s'étant jetée sur sa personne ne s'arrêta plus. Tantôt M. Gorenflot ressemblait à un vieux saule dont la tête rabougrie donnait encore de vertes pousses. Le saule fut rejeté à cause de sa vétusté et remplacé par un chêne. M. Gorenflot, avec ses grandes lunettes, fut traité un moment de chêne, eu égard à la solidité de ses opinions. Sans s'inquiéter de la justesse de la figure, le philosophe aperçut de la mousse sur le crâne de M. Gorenflot. On en fit aussi un frêne pliant sous le vent de la persécution et ne rompant pas ; mais le frêne, à cause de son apparence svelte, alla rejoindre le saule. M. Gorenflot fut changé en taillis impénétrable, dans lequel ses ennemis se déchireraient le corps aux épines s'ils tentaient de s'y frayer un chemin. Comme le mercier, dans ses longues courses, avait contracté l'habitude de s'appuyer sur un long bâton de houx qu'il avait taillé à son usage, M. Gorenflot passa dans le tronc d'un houx toujours vert. Ces diverses transmigrations dans le corps de divers arbres flattaient singulièrement l'amour-

propre du mercier, qui comprenait par là combien
il occupait l'esprit des *Amis de la Nature*. A chacun
de ses voyages il était gratifié d'un nouveau nom,
et il s'en retournait plein de joie de ce baptême.

Quand les arbres furent épuisés, le poète Godard,
dont l'imagination était tournée vers la Grèce, ouvrit
l'avis que M. Gorenflot pouvait bien être le faune
des temps modernes. Là-dessus une discussion s'engagea, dans laquelle furent mis en avant les noms
de Satyre et de Priape ; mais ces deux dieux étaient
trop connus par l'ardeur de leurs sens pour se prêter
à la personnification du chaste mercier. Lavertujeon proposa très-doucement de peindre une flûte
de Pan accompagnée d'un bâton de houx et d'un
morceau de fromage de chèvre.

— Encore un fromage ! s'écria le philosophe. Non,
ce sont là les symboles d'un berger de l'Attique. Si
M. Gorenflot jouait de la flûte, à la bonne heure.
C'est un sylvain.

— Gorenflot, sylvain de Grateloup ! dit le poète
Godard.

— Mieux encore, reprit le philosophe : Sylvain
Gorenflot. Je propose de ne l'appeler plus que Sylvain Gorenflot.

— Sylvain tout court.

— Supprimons Gorenflot, qui fait penser à des
gâteaux de province.

— Gorenflot est bourgeois.

— Sylvain embaume.

— On respire en prononçant Sylvain.

— Pourquoi pas Sylvestre? Il y a de la verdure dans le mot.

— Non, Sylvain, c'est d'un champêtre plus contenu.

— Que ceux qui veulent du nom de Sylvain Gorenflot lèvent la main.

— Personne n'accepte plus ce nom odieux de Gorenflot.

— Enterrons le nom de Gorenflot.

On commanda quatre moss de bière, et c'est ainsi que fut noyé le nom de M. Gorenflot, qui ne fut pas peu surpris, à son nouveau voyage, d'entendre retentir le cabaret des cris : *Vive Sylvain !* Les *Amis de la Nature* s'approchèrent de lui en lui disant :

— Tu ne t'appelles plus Gorenflot !

— Mort à Gorenflot ! Vive Sylvain !

Le mercier était confus de ces exclamations.

— Tu seras désormais chanté en vers sous le nom de Sylvain.

— Ta biographie est commandée, et paraîtra sous le nom de Sylvain.

— Mes amis, que d'honneur ! s'écriait l'honnête mercier.

Justement, ce soir-là, les *Amis de la Nature* avaient amené au cabaret les dryades et les hamadryades qui raccommodaient les boutons de leurs culottes, et M. Gorenflot se crut transporté en pleine antiquité. On ne but pas moins de trois petits tonneaux de nectar de Strasbourg pour arroser un certain fromage du mont Hymette, d'une odeur très-prononcée.

Godard saisit au bond le nom de Sylvain, et il en fit dans son journal trois feuilletons où il racontait les travaux de M. Gorenflot dans la forêt, ses essais, ses aspirations, ses vues profondes et les persécutions dont il avait été l'objet de la part de l'administration. Un petit journal attaqua le style enflammé de Godard, qui répondit; ce fut une lutte qui posa tout à fait Sylvain dans l'opinion publique. De même que les Anglais ont toujours besoin d'un *lion* pour les désennuyer, ce lion fût-il une puce savante, Paris éprouve aussi le besoin de varier sa curiosité. M. Gorenflot, sous le pseudonyme de Sylvain, succéda dans l'admiration parisienne à un nain que toutes les femmes voulaient embrasser, de même que ce nain avait remplacé une tragédie, de même que cette tragédie avait remplacé un géant écossais, de même que ce géant avait remplacé la chanson : *Mire dans tes yeux mes yeux,* de même que la chanson : *Mire dans tes yeux mes yeux* avait remplacé un célèbre assassin, de même que ce célèbre assassin avait remplacé le fameux roman du *Petit Sabotier ou le défrichement des Landes,* de même que le *Petit Sabotier* avait remplacé une danseuse maigre, et ainsi de suite.

Sylvain fit oublier le dernier article d'un journaliste religieux, élève de Vadé ; on laissa de côté le dernier mot graveleux de mademoiselle Déjazet.

On ne parlait alors que des mésaventures conjugales
d'une rosière de Nanterre qui avait battu son mari
le premier jour des noces. La rosière retomba dans
l'oubli avec un certain crapaud centenaire qui avait
été trouvé, disait *le Constitutionnel,* dans une boule
de billard. La foule ne s'inquiéta même plus d'un
pâtissier du faubourg Saint-Antoine qui mettait
une pièce d'or dans ses brioches. Sylvain avait
accaparé l'opinion publique à lui seul ; on parlait de
lui dans les salons du faubourg Saint-Germain et
chez les peintres de Montmartre. Les vaudevillistes
se rassemblaient au nombre de dix-sept pour en
faire le principal type de la revue de fin d'année.
Deux camps s'étaient formés dans les ateliers, aussi
ardents adversaires que les coloristes et les dessi-
nateurs. Sylvain fut peint en enseigne sur le boulevard et vendu dans les magasins de la rue des
Lombards sous forme de chocolat, ce qui est le
dernier degré de la gloire ; car on voit beaucoup de
grands hommes en bronze que les confiseurs repousseraient comme tout à fait inconnus. Les Allemands furent surpris de ce retour à la nature, et
un naïf et blond touriste en fit le sujet d'un livre
impertinent pour les idées religieuses. Les *revie-*
wers français, qui vivent de ces gros livres, en pri-
rent la substance et publièrent dans *la Revue* divers
articles courts, mais lourds, où il était question
des tendances panthéistes de la nation française
en 1846.

La réputation de Sylvain rejaillit sur la forêt :

Grateloup fut *inventé*. Les Parisiens ne connaissent même pas Paris, à plus forte raison les environs. Cette forêt, dont on s'occupait brusquement, leur fit l'effet d'un changement à vue dans une féerie. Chacun se promit d'aller faire un tour à Grateloup. Les filles entretenues disaient aux coulissiers de la Bourse qui leur apportaient leur rente habituelle : — Mon gros chat, quand est-ce que tu me mèneras à Grateloup? Il fut question d'établir des trains de plaisir pour Grateloup. Cependant M. Gorenflot, que ce concert remplissait de jouissances, ne se montra pas ingrat envers les *Amis de la Nature*, à qui il devait tant. Un repas somptueux fut annoncé par lettres lithographiées qui invitaient tout le cénacle à se réunir, sans faute, dans la huitaine suivante. Une petite note, pleine de mystère, semblait annoncer quelque surprise ingénieuse de la part du mercier.

En se voyant l'objet de la curiosité publique, M. Gorenflot sentit de nouveau poindre ses ambitieuses idées: la forêt revenait à lui comme une ingrate qui après avoir trompé un amant se repent et tâche de faire oublier le passé ; mais ainsi qu'il arrive chez certains hommes, M. Gorenflot, maître de la position, tint la bride haute à la forêt. Il consentit à la reprendre, à condition de la traiter en esclave et de lui faire sentir le joug. Intérieurement il se dit qu'il était le maître absolu de la forêt, et pour prouver aux *Amis de la Nature* combien il était reconnaissant, il résolut d'attacher

leurs noms à cette forêt. C'est ce qui fut discuté à
table, au dessert. Les convives étaient nombreux,
car aussitôt qu'il se forme quelque école à Paris, de
nombreux néophytes se présentent comme desser-
vants. Les dieux nouveaux, les *Amis de la Nature*,
reçurent de toutes parts nombre de compliments
sur la part qu'ils avaient prise à l'invention de Grateloup, et tous les curieux se précipitèrent en foule
à leur brasserie, pour admirer le temple nouveau et
la manière dont on y officiait. Cette brasserie ressemblait à s'y tromper à un temple protestant : pas
d'images aux murs, qui étaient blanchis à la
chaux; des bancs et des tables de bois peints en
jaune; pour sacristains, des Allemands qui prépa-
raient la cuisine, et pour encens d'épaisses fumées
de tabac. Dans un coin, une sorte de garde-manger
à treillage laissait voir empilées d'énormes meules
de fromages; l'harmonie du plafond n'était trou-
blée que par des jambons et des guirlandes de sau-
cisses qu'on ne pouvait accuser de ne pas être
fumés, car ils recueillaient le plus pur de l'encens
des *Amis de la Nature*. On y discutait du matin au
soir avec une ardeur particulière, mais la bière
mousseuse de Strasbourg, servie dans d'épaisses
burettes de grès, permettait aux discuteurs de ne
pas s'arrêter.

Cette simplicité dans la décoration parut si nouvelle aux habitués des cafés dorés du boulevard
que la mode s'y attacha par le contraste. Les plus
élégants voulurent aller au moins une fois s'enfu-

mer en compagnie des *Amis de la Nature*, et des
sceptiques, qui voulaient parvenir à faire la connaissance de Sylvain, jurèrent que le luxe et la
délicatesse étaient de tristes inventions de la civili-
sation, qu'il fallait se retremper au sein de la forêt
de Grateloup, et que les nouvelles générations quit-
teraient certainement Paris pour s'y retirer. Quand
les invitations de M. Gorenflot furent connues, elles
devinrent le point de mire de ces curieux dont
l'existence consiste à se faire remarquer aux premières représentations de l'Opéra, aux enterre-
ments des célébrités, aux dîners des gens de lettres
et aux exécutions des grands criminels. Leur besogne
consiste à s'introduire partout, à se faire voir avec
de certains nœuds de cravate, une raie partant du
milieu du front pour se continuer en courbe déses-
pérante jusque sur la nuque, à distribuer deux
cents poignées de mains par soirée, à écouter le
dernier mot spirituel, à l'aller répéter le lendemain
dans vingt endroits différents, à appeler les gens
célèbres par leur petit nom, enfin à amasser pour
leur vieillesse toutes les maladies de corps et d'esprit dont l'épidémie ne quitte jamais Paris. Les
Amis de la Nature, pressés par ces nouveaux néophytes, ne purent faire autrement que d'augmenter
la liste des invités de Sylvain d'une cinquantaine
de convives, parmi lesquels se remarquaient des
poètes, des journalistes, des peintres, des comé-
diens, des chroniqueurs et une demi-douzaine de
sots à raie circulaire et à cravate bleu de ciel.

M. Gorenflot, prévenu à temps, put commander
son repas en conséquence, quoique sa femme fût
effrayée de ce nombre prodigieux de convives; mais
le mercier lui fit entendre qu'il ne s'agissait plus
cette fois d'un poste vulgaire de conseiller municipal; qu'avec le concours des journaux, dont il lui
avait lu de nombreux fragments, une décoration
prochaine brillait à l'horizon.

Les *Amis de la Nature* attendaient avec impatience la surprise que la lettre d'invitation annonçait. Au dessert M. Gorenflot se leva et remercia
ses invités d'avoir bien voulu accepter son trop modeste repas; mais il espérait leur offrir un cadeau
plus sérieux.

Il ne s'agissait de rien moins que de donner à
chacun un carrefour, une grotte, une futaie, un
monticule, une oasis, un taillis, un fourré, une roche,
un massif, une clairière. L'étonnement fut grand à
cette annonce; il redoubla encore quand M. Gorenflot ajouta que chaque invité pouvait choisir un
chêne ou un tilleul, un charme ou un alisier, un
peuplier ou un saule, un mélèze ou un sapin.
Comme l'assemblée regardait avec stupéfaction
Sylvain, il montra un grand plan de la forêt pendu
dans la salle à manger et promena son doigt à divers endroits en faisant remarquer les accidents du
terrain, les vallons, les montagnes et les cours
d'eau.

— Tous ces accidents portent un nom, s'écria
Sylvain, mais un nom administratif. Les agents

des eaux et forêts ont baptisé sans intelligence les différentes parties de la forêt. Pourquoi, messieurs, consacrer à jamais ces appellations vulgaires ? Après avoir étudié longuement la forêt, je l'ai jugée propre à entretenir le souvenir du génie et du talent. Qui peut m'empêcher de donner le nom du philosophe Bougon à un monticule ? Le cerveau de notre ami Bougon n'est-il pas gros d'idées qu'il couve ?

— Cher Sylvain !... s'écria Bougon ému.

— La grotte, le carrefour, la futaie, le massif ne périront pas, continua M. Gorenflot ; en y associant le nom de personnes recommandables par leurs talents, j'éternise leur souvenir plus noblement que par un monument funèbre. Illustre Lavertujeon, que choisissez-vous ? car il y en a pour tout le monde.

— Je prendrais bien un taillis, dit le peintre.

— Vive Sylvain ! cria-t-on de toutes parts quand l'idée fut comprise.

— A la santé de Sylvain !

— Bigle, disait l'un, prends donc un tilleul.

— Non je n'ai pas besoin d'infusion.

— Messieurs, dit le peintre Lavertujeon quand il vit que le bois était au pillage, que les chênes, les roches, les charmes, les carrefours, les peupliers, les taillis étaient déjà distribués, ne serait-il pas bon de conserver quelque chose pour les dames ?

Cette motion galante fut acceptée.

— Si vous le permettez, reprit Lavertujeon, j'ai une maîtresse qui n'aime pas que je revienne à la maison sans quelque cadeau, je vous demanderai une oasis pour elle.

— Très-bien ! dit Sylvain ; l'oasis est accordée à madame Lavertujeon.

Un homme pâle, à grande barbe noire, à cheveux gras et plats, se leva.

— Je réclame l'oasis, dit-il d'une voix sombre.

— Pourquoi faire ?

— J'ai choisi l'oasis avant Lavertujeon.

— Tu n'y penses pas, dit Bougon, avec tes idées avancées ! Un démocrate n'a pas besoin d'oasis.

Ce fut une grande discussion, à la suite de laquelle l'oasis fut accordée définitivement au farouche homme noir.

— Ces gens-là n'ont pas de principes, dit au peintre Lavertujeon le philosophe, à qui on fit cadeau d'une clairière pour une vieille tante de province, dont il cherchait à gagner les bonnes grâces.

— Et moi ! s'écria madame Gorenflot, qui voulut avoir sa part du butin.

— C'est trop juste, dit le mercier, je te donne une roche.

— Image de son caractère, souffla Bigle à son voisin de table.

Godard s'était décidé pour un chêne.

— Prends plutôt un genévrier, lui dit le philosophe : les chênes se couronnent et meurent vite ; le genévrier dure plus longtemps.

Comme Godard s'inquiétait beaucoup de la mort, il profita de cet avis et s'empara d'un genévrier. On but à la santé de madame Gorenflot, on embrassa Sylvain, et tous les invités reprirent le chemin de Paris, emportant un touchant souvenir de cette affectueuse réception. Il n'y eut que le seul Bigle qui demanda du temps pour choisir dans la forêt un endroit à sa convenance.

IX

La coupe sombre et le désir du traître Bigle.

L'inspecteur de la forêt de Grateloup n'avait pas
été sans remarquer les nombreuses attaques dont
il était l'objet : mandé plus d'une fois au ministère,
il reçut des reproches du chef du cabinet. Ce
n'étaient pas les réprimandes qui le blessaient le
plus, mais cette sorte d'observation envenimée qui
s'attachait à tous les aménagements de la forêt. Il
soupçonna ses inférieurs d'envoyer des rapports
contre lui et les traita avec une extrême sévérité.
L'administration toute entière fut encore sur les
dents, sans se douter que M. Gorenflot était l'auteur de ce redoublement de travail. Plus tard seulement, en voyant la biographie de l'*Amant de la*

forêt, les ovations dont il était l'objet, les banquets donnés et rendus, l'inspecteur commença à comprendre quel ennemi dangereux il avait dans la personne de M. Gorenflot.

En effet, le mercier était devenu plus qu'un adversaire redoutable, une sorte de rival qui puisait ses moyens d'attaque aux sources mêmes de la science forestière. Avec l'idée que Grateloup lui serait acquis par la suite avec toutes ses dépendances, M. Gorenflot, d'après les conseils de Godard, s'était monté une bibliothèque qui traitait exclusivement de matières relatives aux forêts. Abonné aux journaux spéciaux, le nez toujours fourré dans les livres quand il ne visitait pas les travaux de Grateloup, M. Gorenflot avait embarbouillé dans son esprit des faits, des observations, mille opinions diverses que le bon sens ne cimentait pas merveilleusement, mais qui, aux yeux des ignorants, pouvaient le faire passer pour un homme des plus compétents.

Il attendait l'inspecteur à la prochaine coupe qui ne tarda pas à arriver. On se rendra compte difficilement aujourd'hui de l'effet désastreux que produisit cette coupe dans Paris; les victimes de la première révolution n'inspirèrent pas plus de regrets que les arbres de Grateloup. De jour en jour cette coupe fut exploitée graduellement par Godard, jusqu'à ce qu'elle arrivât à tout son développement de *coupe sombre*. ENCORE UNE COUPE SOMBRE! tel était le titre du dernier article de Godard, qui

fit explosion dans Paris. Les faiseurs de mélo-
drames ne trouvent pas de titre plus heureux.
Cette *coupe sombre* avait tout l'attrait d'un roman
de miss Anne Radcliffe. La *coupe sombre* fit oublier
un instant la question des jésuites. Les politiques
d'estaminet discutaient gravement sur la *coupe
sombre*, sans savoir au fond ce dont il était question.
Chacun parlait avec une sorte de terreur de cette
coupe sombre, comme si la tranquillité de l'Etat
était menacée. On en fit même une question de
cabinet et on disait à la Bourse :

— Après cette *coupe sombre*, les ministres seront
obligés de donner leur démission.

A la suite des articles de journaux et des bruits
publics, un membre de l'opposition de la chambre
des députés fit des interpellations directes au ministre et le somma de donner des explications sur
cette *coupe sombre* qui troublait les esprits. Le ministre annonça qu'il répondrait le lendemain, et
trois orateurs s'inscrivirent pour parler contre la
coupe sombre. Leurs discours produisirent une véritable sensation dans le public : à les entendre, l'administration des eaux et forêts avait juré la destruction complète de Grateloup, car elle pouvait se
contenter de coupes par éclaircie, mais la liste
civile voulait se faire des revenus immenses en
détruisant la forêt de Grateloup, et l'orateur appelait l'attention la plus sévère de la chambre sur
cette usurpation de pouvoirs. Un avocat bilieux
envisagea la question à un autre point de vue :

cette coupe sombre devait, dit-il, amener quelque
épidémie sur Paris. Les forêts étant faites pour aspirer l'humidité de l'atmosphère, cette humidité mal-
saine qui ne trouverait plus à se loger retomberait
nécessairement sur la capitale. Il parla fort élo-
quemment de la chevelure des arbres qui pompait
avec avidité des vapeurs dangereuses, et il obtint
un succès d'autant plus grand que les Parisiens
furent heureux d'apprendre quelques détails rela-
tifs à la nature. Il n'y a pas d'étonnement plus vif
que celui d'un homme occupé d'affaires de bourse,
de théâtre, de femmes, de tableaux et de brimbo-
rions, quand on lui soumet les faits naturels les
plus simples. C'est ce qui faisait le succès de Sylvain, qui se serait brisé tout de suite contre la première curiosité venue, si la fameuse *coupe sombre*
n'eût réveillé des esprits blasés.

Ce fut alors que Sylvain fut plaint pour ses tribulations de police correctionnelle et ses débats
avec l'administration des eaux et forêts. Le raisonnement suivant, lancé par Godard dans les colonnes
de son journal, trouvait de nombreux approba-
teurs. Un simple particulier ne pouvait tracer dans
une forêt royale le plus étroit des sentiers sans être
condamné à la prison, et un inspecteur avait le
droit, pour satisfaire des intérêts privés, d'ordonner
une *coupe sombre*. L'opposition avait beau jeu en
cette matière, et le ministre fut battu complétement. Sa colère retomba nécessairement sur
l'inspecteur général de Grateloup, qui ne sut

quel parti prendre désormais vis-à-vis de la forêt. Il n'osait plus ordonner de déplanter un baliveau, car il croyait que M. Gorenflot était aux aguets pour saisir toutes les occasions de récriminer contre l'administration. C'était un ennemi redoutable que le mercier, à la tête des *Amis de la Nature* et de trois journaux. L'inspecteur général se dit qu'il valait mieux donner sa démission que d'être houspillé tous les matins dans les gazettes et réprimandé dans les bureaux du ministère.

Lutter avec M. Gorenflot, il n'y fallait pas songer : l'opinion publique s'était prononcée trop ouvertement en faveur de Sylvain. D'ailleurs, depuis sa condamnation, le mercier ne cherchait plus à embellir son amante. On l'empêchait de la posséder, et à son tour il empêchait les autres de l'approcher. Cette lutte entre un simple particulier et une administration toute puissante est peut-être le seul fait significatif de la présente narration. Rien de plus simple en apparence, rien de plus compliqué au fond. M. Gorenflot ne se mettait plus en contravention avec la loi : il usait de son droit de citoyen en critiquant les actes de l'administration des eaux et forêts ; sans doute, il les exagérait, et à sa suite les membres de l'opposition, mais il n'y avait pas là matière à poursuite, quoique les articles de journaux fussent violents et mensongers.

L'inspecteur résolut d'aller trouver M. Gorenflot et de s'expliquer nettement avec lui. Il trouva le mercier très-affligé du bruit qui se faisait dans les journaux. Au fond c'était un honnête homme qui ne voulait troubler le repos de personne et qui s'était laissé entraîner à sa manie sans se douter qu'elle mettrait à l'envers l'esprit des journalistes et des orateurs.

— Je suis innocent, monsieur Cornulier, dit-il à l'inspecteur ; c'est ce Godard qui a tout fait.

— Qu'est-ce que Godard ! demanda l'inspecteur.

— Eh ? monsieur, c'est un petit journaliste qui se disait *Ami de la Nature* et qui, à ce titre, s'est installé chez moi plus souvent que je ne l'aurais voulu, m'a emprunté de l'argent et m'a fait causer tant et plus sur Gratelorp. Je croyais qu'il aimait la forêt pour elle-même ; c'était pour la traîner dans ses journaux et s'en faire un revenu. Il s'est vanté dernièrement devant moi d'avoir gagné plus de 3,000 francs avec la *coupe sombre* dans sa gazette, et il ne m'a pas rendu mon argent. Dites-moi ce qu'il faut faire, monsieur Cornulier, pour remédier à ce dommage, et je suis tout à votre disposition.

— La seule chose est de ne plus fréquenter ce Godard.

— C'est fait ; ma femme l'a déjà congédié !

L'inspecteur, trouvant le mercier plus sage qu'il ne le croyait, lui permit de continuer certains embellissements dans la forêt, à la condition de ne pas employer plus de deux hommes par journée. M. Gorenflot se réservait de poursuivre l'exécution de

quelques sentiers aboutissant à divers points de
vue dont il réclamait d'être le parrain. Les flèches bleu de ciel seraient conservées pour indiquer aux curieux ces nouveaux sentiers, car M. Gorenflot obtint le droit de publier un plan de la forêt
où la création de ces sentiers et leur dénomination
était inscrite. L'inspecteur s'engageait à fermer les
yeux sur ces travaux et promettait même plus
tard de leur donner un caractère officiel. Ce fut
ainsi que M. Gorenflot, poussé par les *Amis de la
Nature* dont le démagogisme était flagrant, donna
à un carrefour le titre de *carrefour des Principes de* 93; il y eut également la *clairière des
Droits de l'Homme.* Madame de Staël fut dotée
d'une gorge, car on appela à jouir de la forêt les
philosophes anciens et modernes, les Convention-
nels, les peintres, les poètes et les romanciers.

Un grand plan existe qui constate ces baptêmes
et ces donations. L'inspecteur alla même jusqu'à
donner le nom de *Gorenflot* à une des principales
routes de la forêt. Le sceptique Bigle parvint seul
à esquiver ces honneurs. Pressé par le mercier
d'accepter un arbre, un buisson ou un rocher :

— Monsieur Gorenflot, dit Bigle, donnez-moi le
nuage qui passe !

Paris, hiver de 1858.

FIN

TABLE

FIN

EN VENTE A LA MÊME LIBRAIRIE

Bibliothèque moderne

A partir du 15 octobre 1859, cette Bibliothèque se divisera en deux séries à prix fixe : l'une à 3 fr., l'autre à 2 fr.

Livres à 3 fr.

LES OUBLIÉS ET LES DÉDAIGNÉS, figures littéraires de la fin du XVIIIe siècle, par Charles Monselet, 1 vol.

Linguet. — Mercier. — Do at-Cubières. — Olympe de Gouges. — Le Cousin Jacques. — Le Chevalier de la Morlière. — Le Chevalier de Mouhy. — Desforges. — Gorgy. — La Morency. — Plancher-Valcour. — Baculard d'Arnaud. — Grimod de la Reynière.

LES FLEURS DU MAL, par Charles Baudelaire, 1 vol. (épuisé).

POÉSIES COMPLÈTES de Théodore de Banville (Les Cariatides; les Stalactites, Odelettes; le Sang de la Coupe; la Malédiction de Vénus, etc.); avec une eau-forte titre, dessinée et gravée par Louis Duveau, 1 vol.

MÉMOIRES DU DUC DE LAUZUN, publiés entièrement conformes au manuscrit, avec une étude sur la vie de l'auteur, 2e édit. sans suppressions et augmentée d'une préface et de notes nouvelles par Louis Lacour, 1 vol. (épuisé).

POÉSIES COMPLÈTES de Leconte de Lisle (Poëmes antiques. — Poëmes et poésies, ouvrages couronnés par l'Académie française. — Poésies nouvelles). Avec une eau-forte, dessinée et gravée par Louis Duveau, 1 vol.

LES PHILIPPIQUES DE LAGRANGE-CHANCEL, nouvelle édition, revue sur les éditions de Hollande, sur le manuscrit de la bibliothèque de Vesoul, et sur un manuscrit aux armes du Régent, précédée de Mémoires pour servir à l'Histoire de Lagrange-Chancel et de son temps, en partie écrits par lui-même, avec des notes historiques et littéraires, par M. de Lescure, 1 vol.

AFFAIRE DU COLLIER. — MÉMOIRES INÉDITS DU COMTE DE LAMOTTE-VALOIS, sur sa vie et son époque, — 1754-1830 — publiés d'après le manuscrit autographe, avec un historique préliminaire, des pièces justificatives et des notes par Louis Lacour, 1 vol.

EN HOLLANDE, lettres à un ami, par Maxime Du Camp, suivies des catalogues des musées de Rotterdam, la Haye et Amsterdam, 1 vol.

IMPRESSIONS ET VISIONS, par Henri Cantel, avec une préface d'Hippolyte Babou, 1 vol.

CAMPAGNES D'ITALIE de 1848 et 1849, par le général Schœnhals, aide-de-camp de Radetsky, ouvrage traduit sur la septième édition allemande, par Théophile Gautier fils, avec une préface et une carte, 1 vol.

Livres à 2 fr.

LETTRES FAMILIÈRES ÉCRITES D'ITALIE A QUELQUES AMIS, de 1739 à 1740, par Charles De Brosses, avec une étude littéraire et des notes, par Hippolyte Babou, 2 vol. (seule édition sans suppressions).

ESQUISSES PARISIENNES, scènes de la vie, par Th. de Banville, 1 vol.

LETTRES D'UN MINEUR EN AUSTRALIE, par Antoine Fauchery, 1 vol.

COURONNE, histoire juive, par Alexandre Weill, 1 vol.

ÉMERAUDE, par Alexandre Weill, 1 vol.

LES PAYENS INNOCENTS, nouvelles, par Hippolyte Babou, 1 vol.

ESSAIS SUR L'ÉPOQUE ACTUELLE. — LIBRES OPINIONS MORALES ET HISTORIQUES, par Émile Montégut, 1 vol.

LA DOUBLE VIE, nouvelles, par Charles Asselineau; avec un frontispice gravé sur bois, par Adrien Lavieille, d'après un dessin de Louis Duveau, 1 vol.

CONTES DE LA MÉRIDIENNE, nouvelles, par Henri de Lacretelle, 1 vol.

LES TRÉTEAUX DE CHARLES MONSELET, farces et dialogues, avec un frontispice dessiné et gravé par Bracquemond, 1 vol.

HONORÉ DE BALZAC, par Théophile Gautier, édition revue et augmentée, avec un portrait gravé à l'eau-forte par E. Hedouin, et des fac-simile d'autographes, 1 vol.

LES AMIS DE LA NATURE, par Champfleury, avec un frontispice gravé par Bracquemond d'après un dessin de Gustave Courbet, et précédé d'une caractéristique des œuvres de l'auteur, par Ed. Duranty, 1 vol.

www.ingramcontent.com/pod-product-compliance
Lightning Source LLC
Chambersburg PA
CBHW072021080426
42733CB00010B/1779